学习科学与技术

Learning Sciences and Technology

江丰光　主编

电子工业出版社
Publishing House of Electronics Industry
北京·BEIJING

内 容 简 介

本书作为学习科学入门的参考教材，共设计了五章：第 1 章理论基础，第 2 章学生的深度学习，第 3 章研究方法，第 4 章教学与评价，第 5 章学习环境。在每一章节都设计了理论的相关案例，学习活动设计为教师讲授与开展课堂活动提供参考，希望本书能够对学习这门学科有所帮助。

未经许可，不得以任何方式复制或抄袭本书之部分或全部内容。
版权所有，侵权必究。

图书在版编目（CIP）数据

学习科学与技术 / 江丰光主编. —北京：电子工业出版社，2017.1
ISBN 978-7-121-30254-1

Ⅰ. ①学… Ⅱ. ①江… Ⅲ. ①学习－能力培养－高等学校－教材 Ⅳ. ①G642.46

中国版本图书馆 CIP 数据核字（2016）第 262079 号

策划编辑：张贵芹　刘　芳
责任编辑：张贵芹
文字编辑：刘　芳
印　　刷：北京虎彩文化传播有限公司
装　　订：北京虎彩文化传播有限公司
出版发行：电子工业出版社
　　　　　北京市海淀区万寿路 173 信箱　邮编 100036
开　　本：787×1092　1/16　印张：9.75　字数：173 千字
版　　次：2017 年 1 月第 1 版
印　　次：2022 年 12 月第 5 次印刷
定　　价：32.00 元

凡所购买电子工业出版社图书有缺损问题，请向购买书店调换。若书店售缺，请与本社发行部联系，联系及邮购电话：（010）88254888，88258888。
质量投诉请发邮件至 zlts@phei.com.cn，盗版侵权举报请发邮件至 dbqq@phei.com.cn。
本书咨询联系方式：（010）88254511，zlf@phei.com.cn。

关于作者

江丰光

学历 台湾淡江大学教育科技系学士、台湾中山大学教育研究所硕士、台湾高雄师范大学工业科技教育系教育科技组博士。

经历 日本东京工业大学教育工学研究室暑期交换生、德国伊尔梅瑙科技大学台湾"国科会"千里马计划博士候选人访问学者、台湾大学博士后。

任职 北京师范大学教育学部教育技术学院副教授、教育技术学院 STEM 创新教学研究中心负责人。

荣誉 2016 年聘为英国教育技术国际期刊（British Journal of Educational Technology，BJET）（SSCI）编委；2015 年 12 月，获得北京师范大学多媒体课件比赛一等奖；2013 年入选北京师范大学京师英才一等奖；2012 年，获得北京师范大学第十三届青年教师教学基本功比赛理科组最受学生欢迎奖。

研究领域成果 作者目前担任 15 本国际期刊（SSCI，SCI）的审稿委员与国际工程教育期刊（SCI）的客座主编。研究方向主要为学习科学、学习空间研究、STEM 教学、信息技术与课堂创新教学。近几年来，研究工作聚焦在三个方面：电子书包教学应用研究、STEM 跨学科创新教学，以及未来教室与学习空间设计与研究。

1. 电子书包教学应用研究。电子书包试点学校在全球各地相继建立，研究团队针对电子书包教学、教师培训、学生学习成效追踪等进行一系列深入探讨。通过对试点学校的教师进行电子书包教学应用之态度的调查，发现电子书包教学试点中存在的问题包含以下六个方面：现行教育制度、校方、教师、学生、家长以及电子书包的资源和功能。研究成果可供电子书包的试点学校等参考使用。

2. STEM 跨学科创新教学。STEM 是科学（Science）、技术（Technology）、工程（Engineering）和数学（Mathematics）四门学科的简写，将这四门学科缩写综合起来强调 STEM 教育是多学科交融的研究领域。探索创新技术的教育应用，例如，STEM 教育之创新教学设计、认知工具促进学习成效、增强现实（AR）教学应用、电脑绘图与课程整合、SCRATCH 教学促进编程学习和乐高机器人教学等，对这些方面开展相关研究。

3. 未来教室与学习空间设计。未来教室、学习空间设计是教育技术研究领域中的一个前瞻性研究课题。本书中也对国际上知名的未来教室就设计、特色、功能与教学应用等进行分析，归纳出未来教室应具备的特点，并尝试设计与开发兼具东西文化特色之未来学习空间，进而对新型态的学习空间进行教学探究，为未来教室相关研究提供借鉴。

序　　言

今日的学校制度是在工业时代（Industrial Era）的背景下产生的，学生获取知识的过程如同在工厂进行一系列生产加工流程（Model of Learning-as-factories），教与学的关系往往是以"教定学"而非以"学定教"，因此学生学习的教材、内容、方法、环境等皆来自同一套模式。教育学家们认为，学校的制度与学校所提供的教与学都必须重新思考并进行变革，面对 21 世纪的挑战，学习者必须进行合作与协作学习，提升批判性思维等的训练，加强问题解决能力与创造力及实务工作等全方位的能力，以适应当代的社会。在这样的背景下，学习科学领域已逐渐被关注。

学习科学（Learning Sciences）是一门跨领域的新兴学科，它源于认知科学、教育学与心理学、计算机科学，过去也有许多信息科技环境下关于学习科学的研究，探讨不同信息科技环境下学习的效果，进而了解学习本质并思考如何有效提升学习成效。因此，学习科学背后的理论基础有着教育研究、教育心理学与教育技术的影响。学习科学可以定义为：旨在探究与理解人类如何进行学习，并分析学习过程，使学习能从浅层次进入到深层次。而学习科学与技术不仅关注人类学习，还关注站在学习者角度设计与开发学习工具，并营造有效的环境来促进有意义学习。

本书的结构安排包含了五章。第 1 章理论基础：探讨建构主义、合作学习与探究式学习、脚手架的理论。第 2 章学生的深度学习：探究计算机支持协作学习（Computer Supported Collaborative Learning，CSCL）、合作探究与知识建构、基于问题与基于项目的学习。第 3 章研究方法：介绍学习科学中常用的基于设计的研究、准实验研究、民族志研究等研究方法。第 4 章教学与评价：包含 21 世纪的学习技能与目标、形成性评价、教师角色的改变。第 5 章学习环境：探究学习空间的理论、移动学习与泛在学习、未来学习环境、未来教育。本书作为学习科学入门的参考教材，因此在每一章节都设计了理论和相关案例，学习活动设计为教师讲授与开展课堂活动提供参考，希冀本书能够对学生学习学习科学这门学科有所帮助。

书中各章节结构设计方面，特别感谢加拿大多伦多大学 Jim Slotta 教授给予的详细建议，也感谢北京师范大学教育技术学院学生陈磊、蒋亚娜、陈晨、秦练、刘月、刘格、张瑾、李波、王心彤、孙铭泽、姜舒寒、张莹莹、陈慧与仁娜等，对各章节资料的搜集与整理、编辑等做出了贡献。本书若有不当引用或内容编写未尽完善之处，敬请各位专家、学者给予指正。

江丰光

2016 年 2 月　北京

目　　录

Part 1　理论基础 ··· 1

   1.1　教授主义与建构主义 ··· 2
      1.1.1　教授主义（Instructionism）··· 2
      1.1.2　建构主义 ··· 4
      1.1.3　人是如何思考、学习的 ··· 6
      1.1.4　相关案例 ··· 8
      1.1.5　学习活动设计指引 ··· 10
      参考文献 ·· 11
   1.2　合作学习与探究式学习（Collaboration and Inquiry-Based Learning）····· 12
      1.2.1　合作学习与协作学习 ··· 12
      1.2.2　探究式学习 ··· 13
      1.2.3　相关案例 ··· 15
      1.2.4　学习活动设计指引 ··· 16
      参考文献 ·· 16
   1.3　脚手架（Scaffolding and the Role of Technology）······················· 18
      1.3.1　脚手架理论 ··· 18
      1.3.2　有效的脚手架 ··· 19
      1.3.3　技术支持的脚手架教学 ··· 20
      1.3.4　相关案例 ··· 21
      1.3.5　学习活动设计指引 ··· 22
      参考文献 ·· 22

Part 2　学生的深度学习 ·· 25

   2.1　共同探究与知识建构（Collective Inquiry and Knowledge Building）······· 26
      2.1.1　个体知识建构 ··· 26
      2.1.2　群体协作知识建构 ··· 27
      2.1.3　学生以协同知识建构方式进行学习 ··································· 29
      2.1.4　相关案例 ··· 30
      2.1.5　学习活动设计指引 ··· 32
      参考文献 ·· 32

2.2 计算机支持协作学习（Computer Supported for Collaborative Learning，CSCL） ·· 34
2.2.1 CSCL 的概念 ·· 34
2.2.2 CSCL 基础理论 ·· 35
2.2.3 CSCL 发展趋势 ·· 36
2.2.4 CSCL 相关案例 ·· 38
2.2.5 学习活动的设计指导 ·· 40
参考文献 ·· 41

2.3 基于问题与基于项目的学习（Problem and Project-Based Learning） ·· 43
2.3.1 基于问题的学习（Problem-Based Learning，PBL） ················· 43
2.3.2 基于项目的学习（Project-Based Learning，PBL） ················· 44
2.3.3 基于项目的学习与基于问题的学习的区别 ······························ 46
2.3.4 相关案例 ·· 47
2.3.5 学习活动设计指引 ·· 48
附件：基于项目学习案例分析表 ··· 49
参考文献 ·· 50

Part 3 研究方法 ·· 51

3.1 基于设计的研究（Designed Based Research） ································ 52
3.1.1 研究范式 ·· 52
3.1.2 基于设计的研究（Design-Based Research） ······················· 53
3.1.3 相关案例 ·· 54
3.1.4 学习活动设计指引 ·· 56
参考文献 ·· 57

3.2 变项中的比较（Comparison Studies） ·· 58
3.2.1 比较研究 ·· 58
3.2.2 准实验研究（Qusi-Experimental Method） ························ 60
3.2.3 相关案例 ·· 62
3.2.4 学习活动设计指引 ·· 62
参考文献 ·· 63

3.3 民族志研究（Ethnographic Methods） ·· 64
3.3.1 民族志研究法 ·· 64
3.3.2 教育民族志 ·· 66
3.3.3 相关案例 ·· 66

    3.3.4　学习活动设计指引 ·· 68
   参考文献 ··· 69

Part 4　教学与评价 ·· 71

 4.1　新的学习目标（New Kinds of Student Learning Goals）············· 72
   4.1.1　21世纪学习技能、21世纪学生素质教育 ······················· 72
   4.1.2　能力如何培养、素质如何养成 ································· 75
   4.1.3　相关案例 ··· 77
   4.1.4　相关案例与评析 ··· 78
   4.1.5　学习活动设计指引 ·· 79
   参考文献 ··· 80

 4.2　评价（Assessments）·· 81
   4.2.1　形成性评价与总结性评价的区别 ································ 81
   4.2.2　如何进行形成性评价 ··· 82
   4.2.3　相关案例 ··· 85
   4.2.4　学习活动设计指引 ·· 87
   参考文献 ··· 87

 4.3　教师角色的改变（The Changing Role of the Teacher）············· 89
   4.3.1　教师角色与教师专业成长 ······································· 89
   4.3.2　相关案例 ··· 90
   4.3.3　学习活动设计指引 ·· 93
   参考文献 ··· 93

Part 5　学习环境 ·· 95

 5.1　学习空间（Learning Space）·· 96
   5.1.1　主动的学习环境（Active Learning Environment）·············· 98
   5.1.2　相关案例 ··· 100
   5.1.3　学习活动设计指引 ·· 108
   参考文献 ··· 109

 5.2　移动学习与泛在学习（Mobile Learning and Ubiqiutous Learning）··· 110
   5.2.1　国内外电子书包教学 ··· 110
   5.2.2　相关案例 ··· 113
   5.2.3　学习活动设计指引 ·· 114
   参考文献 ··· 114

5.3 未来学习环境 ... 116
5.3.1 未来学习环境 ... 116
5.3.2 相关案例 ... 117
5.3.3 学习活动设计指引 ... 120
参考文献 ... 122

5.4 未来教育 ... 123
5.4.1 未来校园 ... 123
5.4.2 相关案例（Steve Jobs School） ... 127
5.4.3 学习活动设计指引 ... 133
参考文献 ... 133

附录 A ... 135
1. 学习科学国际组织 ... 136
2. 学习科学国际会议 ... 137
3. 学习科学国际期刊 ... 138
4. 学习科学系所比较 ... 139
5. 学习科学学术机构网站 ... 143

Part 1

理论基础
Foundations

1.1 教授主义与建构主义

1.1.1 教授主义（Instructionism）

人类的认知是如何形成的？出生的婴儿是否就有认知？早期的儿童心理学家不断探索人类认知的形成以及认知发展的过程，进而形成了不同的研究派别，如行为主义心理学（Behavioral Psychology）、认知主义心理学（Cognitive Psychology）、建构主义（Constructivism）等。

行为主义心理学提倡通过客观的方法研究个体的行为，从而预测和控制学习者个体的行为。它强调刺激（S：Stimulus）与反应（R：Response），把学习看作学习者对外部刺激做出的被动反应，即作为知识灌输对象的行为主义学习理论。认知心理学专门研究认知及行为背后的心智处理（包括思维、决定、推理和动机以及情感态度等）的心理科学。这门科学包括了广泛的研究领域，旨在研究记忆、注意、感知、知识表征、推理、创造力，以及问题解决的运作。它是强调认知主要由个体内部的心理过程构成，并把学习者看作信息加工主体的认知学习论。建构主义虽然兴起较晚，近20年来在东西方却广泛流行，如建构式教学法、探究式教学法等。建构主义主要强调学习是一种主动、积极的建构过程，知识是个人经验的合理化，知识的建构在不断冲突与调节的过程中形成，学习者通过多元的途径与方式进行知识的建构。随着教育变革与信息通信技术（Information Communication Technology，ICT）的进步，多媒体计算机和基于互联网技术所建构出的基于信息技术的学习环境，也正影响着人类的学习行为。下面我们将分析教授主义与建构主义的区别。

1. 20世纪初教授主义的特点

Papert（1993）提到，20世纪初诞生的教授主义（Instructionism）是通过细分知识内容以利于教师系统性、顺序性地将知识传递给学习者，并通过评量、测验学生来确保学习成效的教学方法，此方法期待能为工业社会大量、快速且准确地训练所需的专业型人才。

教授主义主要以培养学生适应工业化社会发展的需求为目的，它具有以下几个特点（Sawyer，2006）。

（1）知识包括事实性（陈述性）知识（Declarative Knowledge）和程序性知识

（Procedural Knowledge）。

（2）学校教育的目的是将知识传授给学生，学生拥有大量的陈述性知识和程序性知识后，就被认为受到了教育。

（3）教师应该具备大量的陈述性知识和程序性知识，他们的工作是要将这些知识传授给学生。

（4）传统的教授主义通常根据教师、教科书作者，或者教育家、科学家、历史学家等学科专家的研究决定教学的顺序。通常的教学顺序为，先将简单的陈述性知识教给学生，再教复杂的程序性知识，并且将所教授的内容分学科，对学习者分学段进行教学。

（5）对于教育的成功与否，其评价方式是通过测试学生获得了多少陈述性知识和程序性知识来判断。

2. 20世纪后期关于学习科学的几点共识

到了20世纪70年代初，学习科学初露端倪，该学科以心理学、教育学、计算机科学、哲学、社会学以及其他学科的相关研究为开端。通过研究儿童的学习，研究者发现教授主义存在不少缺陷。经过20年左右的研究，到20世纪90年代，学习的几个基本事实成为了学习科学家们的共识，这些共识也由美国国家研究委员会发表在《剑桥学习科学手册》中，具体包括以下五点。

（1）重视深层次理解概念的重要性。知识工作者将陈述性知识和程序性知识构成专门的学科知识，但仅仅学到陈述性知识和程序性知识，却不一定能像知识工作者那样在社会上胜任工作。学习者只有能够判断何种情形下能运用并有效掌握何种知识，才能在新的场景中对原有知识做出恰当的判断与修正，如此所学的陈述性知识和程序性知识才是有意义的。通常在教授主义下实施的教育最终导致的结果是，所习得的知识难以运用到课堂之外。只有在学生对概念获得更深层次的理解与感悟后，他们才能以一种更加实用且深刻的方式来学习知识，并将所学迁移到真实情境中。

（2）学和教并重。如果学生仅仅被动地接受教师讲授的知识，是很难对概念有深刻的理解与认识的。只有积极参与到学习过程中，学生才能深刻理解概念。因此，学习科学不仅关注教学技巧、策略、方法，也关注学生是如何学习的，并且分析学习过程，还关注教导学生如何去学习（Learning How to Learn）等的学习方法。

（3）重视并创建主动的学习环境。帮助学生获得专家行为所需的所有知识是学校的任务，包括陈述性知识和程序性知识，这也包括此前所提到的对概念的深层次理解，以帮助学生对真实世界的问题进行推理。学习环境要有助于学生深刻理解概念并促进主动学习等。近年来，学习科学的研究也确定了主动学习环境的特征，探讨了学习环境与学习效果的关系。

（4）学习者具备先备知识的重要性。学生并非是等待灌输的空瓶，他们是带着对现实世界各种各样的主观认识来到课堂的，这些先备知识有些是基本正确的，有些则是错误的概念或迷失的概念（Misconceptions）。对于儿童来说，学习的最佳方法是在原有知识基础上进行学习；如果教学活动中没有考虑将学生的已有知识纳入进来，那么学生学到的知识可能仅限于应付考试答题，而在课堂之外，仍然持有错误的概念。

（5）学会统整与反思的重要性。如果学生尝试对自己正在学习的知识进行重新表述，将会学得更好。表述的方式包括对话、撰写小论文、写专题报告或亲自实践。这些行为能使学生系统地去反思与分析自己学习知识的状态。

1.1.2 建构主义

建构主义的最早提出者可追溯至瑞士的皮亚杰（J. Piaget）。他是认知发展领域最具有影响力的一位心理学家，他所创立的关于儿童认知发展的学派被人们称为日内瓦学派。他认为，儿童是在与周围环境相互作用的过程中，逐步建构起关于外部世界的知识的，从而使自身的认知结构得到发展。儿童与环境的相互作用涉及两个基本过程："同化"与"顺应"。同化是指把外部环境中的有关信息吸收进来并结合到儿童已有的认知结构（也称"图式"）中，即个体把外界刺激所提供的信息整合到自己原有认知结构内的过程；顺应是指外部环境发生变化，而原有认知结构无法同化新环境提供的信息时所引起的儿童认知结构发生重组与改造的过程，即个体的认知结构因外部刺激的影响而发生改变的过程。学习科学领域的研究焦点已经从教授主义转向更为活跃的参与式学习模式。建构主义反对教授主义的许多观点，该流派认为人是在原有知识的基础上通过构建自我知识进行学习的，该观点与教授主义强调知识传递的观点形成对比（Sawyer，2006）。

建构主义学习理论包括情境、协作、会话和意义建构四个要素，它主张知识不由教师传授，而是学习者在一定的情境下借助他人的帮助和必要的学习资料通过有意义建构的方式获得，此外，建构主义的教学也提倡"教师指导，以学生为中心"

的教学模式。在这种模式下,学生和教师的地位都发生了变化:学生是知识的主动建构者,教师是组织者、指导者、知识建构的促进者和帮助者。目前,这种新的教学模式下比较成熟的教学方法包括支架式教学、抛锚式教学和探究式教学等(何克抗,1997)。

1. **鱼就是鱼**(Fish is Fish)

李欧·李奥尼(Leo Lionni)的童话故事《鱼就是鱼》(图 1-1)为我们通俗地解释了建构主义:学习者是在原有知识的基础上、与环境的相互作用中逐渐建构起的对于外部世界的认知。

从前有一条鱼,它很想了解陆地上发生的事,但它因为只能在水里生存而无法实现。之后它与一个小蝌蚪成为了朋友。小蝌蚪长成青蛙之后,它便跳到陆地。几周后青蛙回到池塘,向鱼讲述它所看到的。青蛙描述了陆地上的各种东西:鸟、牛、人。鱼根据青蛙的描述开始了思考,对每一样东西用图像来形象地表述:任何生物都带有鱼的形状,只是根据青蛙的描述稍作调整——人被想象为用鱼尾巴走路的鱼、鸟是长着翅膀的鱼……

图 1-1 鱼就是鱼(Leo Lionni,1974)

2. 知识建构

自我知识的建构思想极大地借鉴了皮亚杰的认知发展理论以及他关于儿童完全不同于成人的方式来理解世界的基本观点。皮亚杰认为，儿童关于外部世界的知识，是在与环境相互作用的过程中逐步建构起来的。这种相互作用包括同化和顺应两个基本过程，同化是个体将外界信息整合到自己已有认知结构的过程，顺应是个体的认知结构由于外部刺激的影响而发生改变的过程（何克抗，1997）。

佩伯特（Papert）认为，实物（Object）在知识建构的过程中起着核心的作用。他提出了"参与思考的对象"（Objects-to-Think-with）这个概念，用以解释现实和数字世界中的对象（如程序、机器人、游戏等）如何成为大脑中的意识来帮助儿童建构、检验和修正新旧知识之间的联系（Sawyer，2006）。

3. 建构主义与结构主义

结构主义（Constructionism）由皮亚杰提出，它通常被认为是当今学习科学的理论基础之一，建构主义是在它的基础上发展而来，因而这两个概念常被混淆，然而这两者之间有着明显的区别。建构主义和结构主义都将学习视为在情境下对知识建构的过程，但建构主义强调当学习者有意识地参与到建构的情境中时，学习更容易发生。结构主义关注个体孤立的知识结构的发展，而建构主义则关注个人与社会的相互联系（Papert，1991）。

1.1.3 人是如何思考、学习的
（Bransford，Brown & Cocking，1999）

学习是如何发生的？不同的学习环境是如何影响着学习的？我们应该如何利用学习环境来促进更好的学习？这是学习科学所关注的焦点。

（1）学习是如何发生的：原有知识的利用

指导学习科学研究的一个重要原则是：学习者是带着先备知识来到教室里进行学习的。如果学习者在学习前没有自己的理解，或者他们仅仅是为了应试而学习知识，则他们是无法真正地掌握新的信息的。

（2）学习是如何发生的：从新手到专家的转变

专家是指在特定领域具有专业知识的人，他们能够有效地思考其所在领域的问题。通过对不同领域专家们的研究发现，所有的成功学习都有相似之处：
- ➢ 专家之所以拥有强大的推理和解决问题的能力，是因为他们对知识进行了良好的组织，他们比新手更容易识别出有意义的信息，因此，可以在"更高的层面"上解决问题。
- ➢ 专家会依据不同的情景有选择地提取信息。
- ➢ 专家具有监控解决问题方式的能力——元认知（Metacognition）或称后设认知。

（3）促进更好的学习：脚手架

"脚手架"（Scaffolding）是指在深层学习中提供的支持，它专门为学习者定制，用来及时帮助学习者达到其学习目标。好的脚手架能够为学生的学习提供帮助，从而促进学习者的学习。

（4）促进更好的学习：外化和表达

学习科学家发现，当学习者能够将自己正在形成的知识进行外化并且表达出来时，学习者会获得更好的学习效果。

（5）促进更好的学习：反思

在学习者的思考过程中，可能会产生反思或元认知，因此，反思对学习很有帮助。

（6）促进更好的学习：从具体知识到抽象知识的建构

根据皮亚杰的观点，学习的过程是从具体的信息到抽象的概念的发展，"教具"可以帮助实现这个过程，当某些抽象概念无法用教具呈现时，计算机软件可以起到帮助。

（7）学习环境的设计

教学环境的作用和影响可以用四个设计要素来进行评价，但这四个要素并不是彼此对立的，而是紧密相关的。

图 1-2 指出学习环境中的四个重要要素分别为：学习者为中心、知识为中心、评价为中心、共同体为中心。

①以学习者为中心：关注学生的背景、文化和他们已具备的能力，关注学生的已有学习经验。

②以知识为中心：关注教什么、为什么要教、怎样组织这些知识以促进学习。

③以评价为中心：帮助学生看到自己是否进步，帮助教师发现教学过程中需要改进的问题。

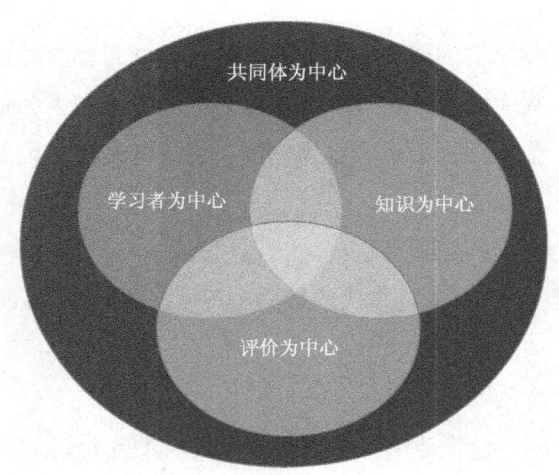

图 1-2　学习环境透视图（Donovan，Bransford，2005）

④以共同体为中心：鼓励学生提问，回答问题，尊重同伴相互之间共同学习，培养学习者的决策能力并且建构学习者之间、教师之间、学校与社区之间的学习生态圈。

1.1.4　相关案例

1. 案例一：哈佛大学研制的生态课程 EcoMUVE（见图 1-3）

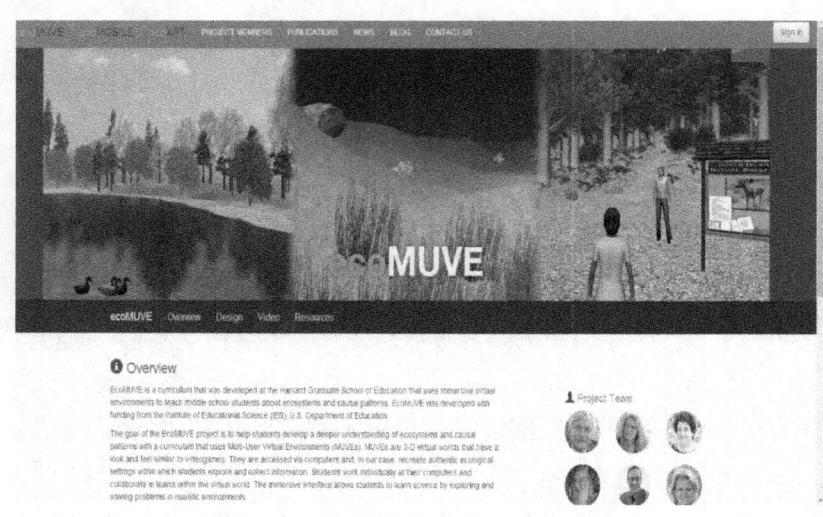

图 1-3　WILD 哈佛大学研制的生态课程网站
（引自 http://ecolearn.gse.harvard.edu/ecoMOBILE/overview.php）

WILD 生态课程主要由哈佛大学教育学院研制，使用浸入式虚拟环境向中学生讲解生态系统和因果模式，让学生学习生态科学。该项目的目的在于帮助学生对生态系统有深入的理解，同时课程中使用 3D 虚拟世界让学生能够看到和感受到类似游戏的仿真环境。学生可通过电脑自主学习，在虚拟的环境下进行合作。该项目最大的特点是为学习者提供强大的在线交互工具，能让学生在现实环境中探究和解决问题以学习科学，理解生物因素、非生物因素、光合作用、呼吸作用、气体分解角色等生物知识，最后达到培养学生成为具备科学研究素养的小小科学家的目的。

该项目为主题式科学设计活动，培养学生的科学素养与科学方法，从在线与线下活动整合，到使用科学工具搜集数据、田野调查、进行数据分析与诠释，最后再验证自己的假设。这正符合建构主义中提倡的学生能够自主学习并通过合作解决生活中的问题，同时，在活动过程中建构自己的知识体系。

2. 案例二：Gizmos 建构式数学与科学教学网站（见图 1-4）

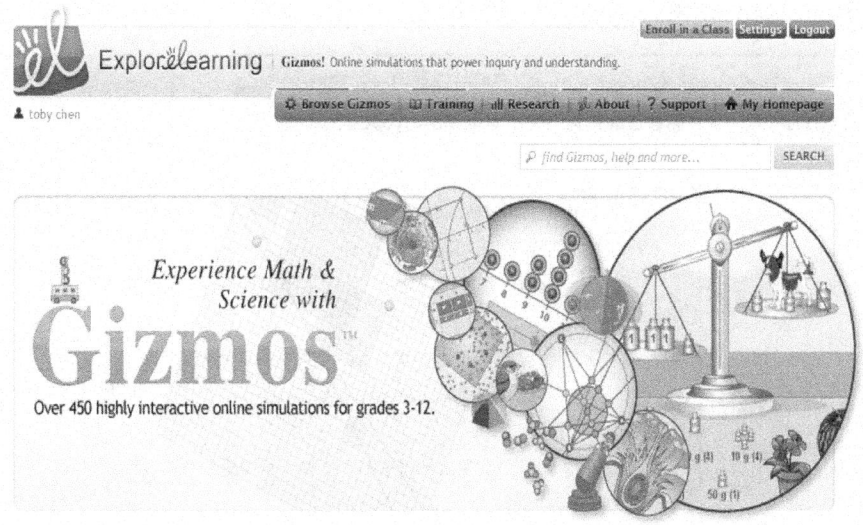

图 1-4　Gizmos 建构式数学与科学教学网站
（引自 https://www.explorelearning.com）

Gizmos 专题网站主要通过计算机辅助建构数学与科学知识的专题网页，为 3～12 年级的学习者提供互动模拟的学习平台。通过平台提供的交互式学习案例，可以了解该平台融入了大量建构式的教学教法，为学习者呈现理解数理概念与知识的学习。

1.1.5　学习活动设计指引

建构主义强调，教师应该给学生提供复杂的**真实问题**，为学生创造一个良好的、真实的学习环境，学生在这种环境中通过**实验、探究、协作学习**等方式来开展学习。教师通过创设符合教学内容要求的**情境**和提示**新旧知识**之间的联系，来帮助学生建构当前所学知识的意义。为使学生的意义建构更为有效，教师应尽可能组织协作学习，展开讨论和交流，并对协作学习过程进行**引导**，使之朝有利于意义建构的方向发展。

在建构意义的过程中，要求学生主动去**搜集和分析有关的信息资料**，对所学的问题**提出各种假设**并努力加以**验证**。要善于将当前学习内容与自己已有的知识经验联系起来，并对这种联系加以认真思考。联系和思考是意义建构的关键，最好的效果是与协作过程结合起来。

基于建构主义的观点，本节活动设计了一个"纸桥承重"的实验。通过小组成员自己动手制作"纸桥"，来探索力的**支撑**奥秘、力的原理；在制作的过程中发现桥的**承重结构**以及**细节处理**对纸桥承重力的影响。

认识建构主义		
教学目标	能够理解建构主义的基本理论，认识建构式教学	
教学流程	活动步骤	资源/工具
1. 情境导入（5min）	向同学们展示生活中各式各样的"桥"的照片，提示大家仔细观察图片，看完后提问。 提问："看完这些美丽的桥梁建筑，大家能不能说说桥都有哪些种类呢？" "比如，按照桥梁的材质来划分，可以分为哪些种类呢？" （石桥、木桥、砖桥、钢筋混凝土桥、钢结构桥，现代化的大桥都是钢结构的，桥面铺柏油。） 提问："那么按照承重结构体系划分，有没有同学知道可以分为哪些种类呢？" （有梁式桥、拱桥、悬索桥、刚架桥、斜张桥和组合体系桥等，前三种是桥梁的基本体系。）	PPT
2. 小组活动（20min）	1. 学生根据自己已有的经验用 4 张 A4 纸搭建出能支撑最大重量的桥（10min） 2. 学生上网查找资料，学习桥的相关知识，重新搭建或完善纸桥（15min）。并且比一比哪一组能支撑的物件最重，为什么？ 3. 小组交流、分享，并思考此次活动中建构与理解了哪些内容	A4 纸，固体胶

续表

教学流程	活动步骤	资源/工具
3．小组学习（20min）	学生学习由老师事先准备好的中英文献，学生可以随时提问并与老师互动交流	纸质文献
4．小组分享（15min）	1．全班交流从文献里了解到的建构主义理论； 2．全班交流建构主义理论在学习活动中的体现	
5．案例评析（15min）	学生以小组为单位讨论课前找到的建构主义课堂案例，全班进行评析	笔记本电脑
6．教师讲授（10min）	教师总结建构主义理论，为学生进行关键点的知识梳理	PPT
7．讨论交流与课后作业（5min）	以小组为单位，完成一个建构主义学习理论的教学设计	

参考文献

[1] 何克抗（1997）．建构主义—革新传统教学的理论基础[J]．电化教育研究，（3）：11-15．

[2] Bransford, J. D., Vye, N., Stevens, R., et al. (2005). Learning theories and education: Toward a decade of synergy[M]. In P. Alexander & P. Winne (Eds.), *Handbook of Educational Psychology (Second Edition)*. Mahwah, NJ: Erlbaum.

[3] Bransford, J. D., Brown, A. L., & Cocking, R. R. (2000). *How people learn: Brain, mind, experience, and school*[M]. Washington, D.C.: National Academy Press.

[4] Donovan, M. S., Bransford, J. D. (2005). *How students learn: History, mathematics, and science in the classroom*[M]. Washington: National Academy Press.

[5] Lionni, L. (1974). Fish is fish[M]. UK: Random House Children's books.

[6] Papert. S. (1991). Situating constructionism[M]. In I. Harel & S. Papert (Eds), Construcionism (pp.1-14) . Hillsdale , NJ : Lawrence Erlbaum Associates.

[7] Bransford,J.D., Brown,A.L.&Cocking,R.R.(Eds.)(1999). *How People Learn: Brain, Mind, Experience, and School*[M]. Washington, D.C.：National Academy Press.

[8] Donovan,M.S., Bransford,J.D.(Eds.)(2005). *How students learn : history, mathematics, and science in the classroom*[M]. Washington, D.C.: National Academy Press.

[9] Richardson, V. (2003). Constructivist pedagogy[R]. *Teachers College Record*, 105 (9): 1623-1640 .

[10] Sawyer, R. K. (2006). *The Cambridge Handbook of the Learning Sciences*[M]. Cambridge: Cambridge University Press.

[11] Papert, S. (1993). *The children's machine: Rethinking school in the age of the computer*[M]. New York: Basic Books.

1.2 合作学习与探究式学习
（Collaboration and Inquiry-Based Learning）

1.2.1 合作学习与协作学习

合作学习（Collaborative Learning）是通过小组学习的方式达到小组成员共同的学习目标，如小组成员共同解一道题或共同完成一个学习任务。合作学习的过程中教师经常会采用多种教学方法，如让小组成员间进行讨论、辩论、相互评价等来互相填补理解中的不足。

协作学习（Cooperative Learning）不仅仅是简单地将学生进行分组学习，它被称为"结构化的、积极的相互依赖"（Kagan, 1990）。学生们互相合作与任务分工，并在小组中利用各种资源与技能共同完成一个项目，学生之间可以互相提供资源、互相评价观点、互相监控工作（Chiu, 2008）。Chiu（2004）指出，当小组中一人达到学习目标时，也会促进小组其他成员达到学习目标，小组成员间是相互依存的助长关系。教师的角色在这一学习过程中由传统的"信息提供者"变成了"学习促进者"。知识不是直接传递给学生的，而是通过学生在主动的对话、交流过程中主动形成的。

Ross 和 Smyth（1995）认为，一个好的协作学习任务需要具有以下几个特点：具有知识需求、创造性强、开放式的结果、高要求的思维任务。与传统的个人学习、竞争学习相比，在协作学习的环境下，学生的学习成就、推理能力和自尊等都能获得提升，还能获得更多的社会支持（Johnson, 2009）。合作学习与协作学习从学习目标到学习组织的策略都十分相似，在很多实际应用中，两者都是相互交融的，而不是独立存在的。合作学习与协作学习的共同点如下。

（1）学习形式：以小组方式开展学习。

（2）学习目标：都有小组需要共同完成的学习目标。

而合作学习与协作学习也存在不同的地方，如：

（1）小组成员组成的不同。合作学习的小组成员通常由班上水平相近的学生组成；协作学习成员则倾向于由不同领域和不同水平的学生组成。

（2）小组目标不同。合作学习主要是小组共同讨论，一起建构新知识、解决问题；协作学习的目的是齐心协力、合作并分工完成共同目标，在这段时间内成员之间互相交流、互相教学。

通常在协作学习处理项目的过程中，每个环节都会涉及小任务的合作与问题解决，因此，协作学习通常用于处理大的项目或大的学习任务；而合作学习通常在课内或短时间内由小组共同完成，无须再进一步细化分工。

1.2.2 探究式学习

"探究"是由学生主动去探索并寻求解决问题的过程。例如，早期希腊哲学家苏格拉底所采用的"产婆法"（问答法、启发式教学法），强调知识是一种"发现"，强调"引出"、"诱发"，让学生自行发现与探索知识，重视学生思考的学习历程。

《美国国家科学教育标准》中指出，科学探究是科学家们用来研究自然界并根据研究所获得的事实证据做出解释的各种方式。科学探究也指学生构建知识、形成科学观念、领悟科学研究方法的各种活动（美国国家研究理事会科学、数学及技术教育中心等，2010）。

探究式学习始于问题的提出，而不是直接呈现科学事实或者为学生提供科学知识的捷径。探究的目的在于通过教师的指引，促进学生开展协作探究，最终实现学生的自主学习发展（万菲，2010）。Bell 等人（2010）也指出，探究式学习的过程包括提出问题、观察并记录支持性证据、解释收集到的材料、得出结论、评价与反思。

1. 探究式学习的四个水平

20 世纪 60 年代，Joseph Schwab 将探究式学习的层次分为四个水平，并得到了 Herron（1971）的支持。Banchi（2008）也将探究式学习分为四个水平，具体如下（Banchi，2008）。

（1）验证性探究（Confirmation Inquiry）

教师一般教授某一固定的科学主题课程，在教学过程中，教师提出研究问题，为学生设计好研究步骤并进行一步步的引导。这种方式强调科学概念的学习。学生只要跟随教师的引导，就能得到一个固定的研究结果，并对相应的科学概念进行理解。

（2）结构式探究（Structured Inquiry）

教师提供研究的问题，并为学生规划研究程序的框架，学生通过实施研究方案来得到结果，分析与评估结果，形成解释。

（3）引导式探究（Guided Inquiry）

教师只为学生提供研究的问题，学生自己设计研究方案，并根据研究方案来测试结果，与小组成员对结果进行交流与讨论。

（4）开放式探究（Open Inquiry）

学生自己提出研究问题、设计研究方案、实施研究方案、讨论研究结果并得出结论。这种形式的探究通常是由学生自主进行的科学探究（Yoon，Joung & Kim，2012）。

2. 5E 学习环

Bybee 和 Landes （1988）发展出探究式教学活动中探究导向的"5E 学习环"教学模式：参与（Engagement）、探索（Exploration）、解释（Explanation）、精致化（Elaboration）、评价（Evaluation），该模式就是采用以探究为核心的一种教学法，各步骤说明如下。

（1）引起动机

引发学生对课程内容的兴趣与好奇心，并探知学生的先备知识水平与学习能力。

（2）探索

学生探究某一观念，建立普遍性的经验基础，同伴间分享先备知识，而后学生基于先备知识与新的经验，对观念进行澄清及解释。教师在此过程中需要以问题为核心，进行评估，并澄清学生的解说。

（3）解释

鼓励学生利用所掌握的先备知识，对所探讨的经验和现象做合理的解释，并协助学生整理及澄清概念，使其接近科学家所提出的理论、观点。并且，在探讨实验的过程中让学生使用操作型定义，进而使其与科学名词相关的经验和现象获得发展，以加强学生对科学知识的了解。

（4）精致化

引导学生将学到的科学概念应用于日常生活与事件中，或将类似的过程概念与其他科目做联结，进而培养他们将所归纳的科学概念进行应用或者将其转移到不同情境中的能力。

（5）评价

鼓励学生评鉴他们所学到的科学概念或能力，并给教师提供检视学生学习进步情况的机会，让学生通过重复学习环中不同阶段的学习，以促进其科学概念的生成与技能的进步。

1.2.3 相关案例

基于网络的科学探究平台（Web-based Inquiry Science Environment，WISE）

STEM 教育平台主要采用研究性学习方式，它利用互联网对学习项目管理、学习过程中的交流协商、学习成果交流展示等提供支持，对促进学生掌握和理解知识有重要的价值。

目前使用最广泛、影响力最大的 STEM 教育平台是基于网络的科学探究平台（WISE）（见图 1-5）。WISE 是由（NSF）资助、伯克利大学 Marcia. C. Linn 教授主持的"知识整合环境"（KIE）研究计划的主要研究成果。WISE 是一个操作简单但功能强大的基于网络进行科学探究的学习环境，旨在促进科学知识的学习和科学问题探究能力的培养，学习者可在其中了解真实世界，分析各种现代科学观点，亲历科学探究过程等。WISE 主要适用于 4~12 年级的学生，其中包含了一些与各国科学课程标准相匹配的精品项目。WISE 的实践成果已经说明了基于 WISE 的探究学习活动对于科学教育具有非常明显的优势。

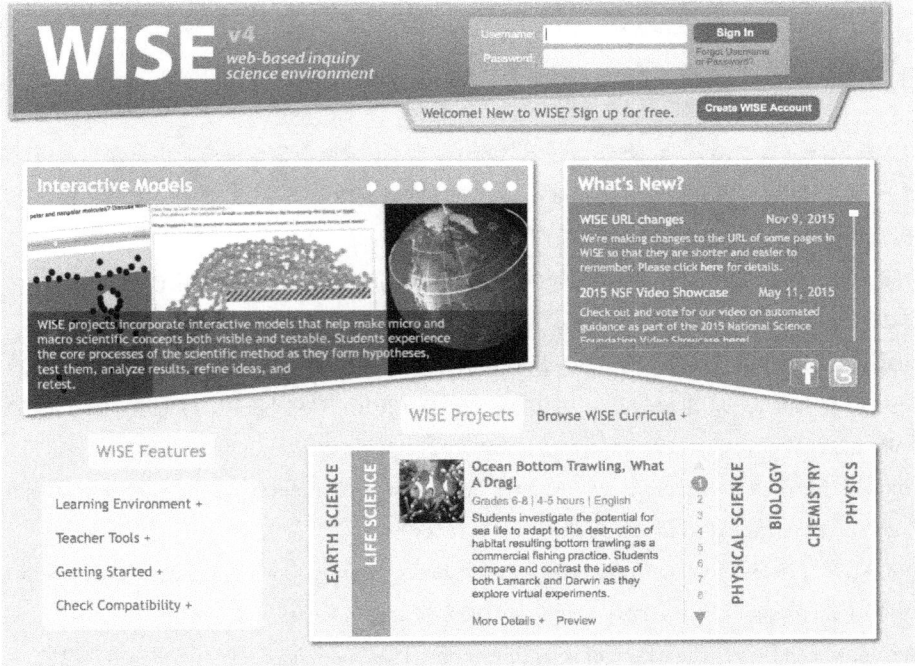

图 1-5　基于网络的科学探究平台网站

（取自 http://wise.berkeley.edu）

1.2.4 学习活动设计指引

时间分配	活动安排	活动说明
10min	1. 呈现"学习金字塔"图片，引发学生讨论； 2. 提出合作学习与协作学习的概念	讨论内容： 1. 思考怎样才能使学习效率最大化？ 2. 关于合作学习与协作学习了解多少呢？它们是否有不同之处？
20min	课本&文献导读	1. 对课本相关内容进行重点导读； 2. 导读中对学生课前提出的问题进行讲解，如：合作学习与协作学习的异同点；探究式学习的方法；探究式学习的不同水平
30min	WISE 项目网站的学习	1. 各小组了解 WISE 项目，查看 WISE 网站； 2. 各小组分别选择 WISE 网站中一个探究式学习的案例进行解读
30min	各小组设计探究式学习活动方案	各小组在 WISE 网站上注册一个教师账号，利用 WISE 网站的功能设计一节探究式学习活动方案
20min	小组分享	各小组分享探究式学习活动方案
10min	教师总结，强调重点	

参考文献

[1] 美国国家研究理事会科学、数学及技术教育中心，《国家科学教育标准》科学探究附属读物编委会著. 科学探究与国家科学教育标准——教与学的指南[S]. 罗星凯，等译. 北京：科学普及出版社，2010.

[2] 万菲. 基于认知工具的中学科学探究学习模式构建[J]. 中国教育信息化：基础教育，2010(1)：27-29.

[3] Banchi, H., Bell, R. (2008). The Many Levels of Inquiry[J]. *Science and Children*, 46(2): 26-29.

[4] Bell, T., Urhahne, D., Schanze, S., & Ploetzner, R. (2010). Collaborative inquiry learning: Models, tools, and challenges[J]. *International Journal of Science Education.* 3(1): 349-377.

[5] Chiu, M. M. (2004). Adapting teacher interventions to student needs during cooperative learning[J]. *American Educational Research Journal,* (41): 365-399.

[6] Chiu, M. M. (2008).Flowing toward correct contributions during groups' mathematics problem solving: A statistical discourse analysis[J]. *Journal of the Learning Sciences*, 17(3): 415 - 463.

[7] Herron, M.D. (1971). The nature of scientific enquiry[R]. *The school review*, 79(2): 171-212.

[8] Johnson, D.W. (2009). "An Educational Psychology Success Story: Social Interdependence Theory and Cooperative Learning"[R]. *Educational Researcher*, 38(5): 365–379.

[9] Kagan, S. (1990). The structural approach to cooperative learning[J]. *Educational Leadership*, 47(4): 12-15.

[10] Yoon, H., Joung, Y. J., & Kim, M. (2012). The challenges of science inquiry teaching for pre-service teachers in elementary classrooms: Difficulties on and under the scene[R]. *Research in Science & Technological Education*, 42(3): 589-608.

1.3 脚手架（Scaffolding and the Role of Technology）

当我们观察建造中的大楼时，不难发现主体建筑的外围围着一层一层搭建的铁架，我们称之为鹰架或支架（Scaffolding），其作用是支撑大楼每一层的建筑结构构件，直到主体建筑完工后，工人才会将支架移除。上述所说的鹰架运用到教育领域时，我们称为脚手架，又称为教学脚手架，也就是学生在学习过程中，老师给予其适当的协助与引导。教学脚手架是学生学习过程中的一个重要部分，旨在促进学习者顺利学习到新的概念与获得更深层次的学习。脚手架是在支持学生学习的过程中，根据学生的需要，为了帮助学生达到相应的学习目标而提供的（Sawyer，2006），因而脚手架应该针对不同学习者给予不同的支持。

一般在学生第一次学习新概念或技能时需要提供脚手架，当学生发展自主学习策略时，这些支持会慢慢减少或撤除。教学过程中，教师应该在帮助学生掌握一项任务或者概念时提供多种形式的支持，如框架、资源、任务所涉及的关键问题、激趣、模版、认知或社会技能等的指导。

1.3.1 脚手架理论

20世纪50年代末，布鲁纳（Jerome Bruner）首次引入脚手架的概念。他使用"脚手架"这个词语来描述儿童口头语言的习得过程。当他们开始学习说话时，父母所提供的非正式教学的指导促进了其口头语言的学习。

维果斯基提出的专家协助新手或者学徒进行技能掌握的过程中也涉及脚手架的概念。脚手架被认为是有经验的老者为年轻的新手提供的支持。脚手架代表了一种专家与新手之间的有效交互，这种交互有助于新手掌握超越其独立努力所获得的能力。

对于脚手架式教学最重要的概念就是维果斯基提出的最近发展区（Zone of Proximal Development，ZPD）。最近发展区是指学生独立学习所能达到的解决问题的水平与在专家或教师的指导下所能达到的解决问题的水平之间的差异。维果斯基认为脚手架的使用可以有效地达到学生在最近发展区内的发展。通过学习活动的设计，有经验者或者教师提供的支持促进学生在先验知识的基础上获得了新的理解，学生便达到了下一发展阶段（Raymond，2000）。

1.3.2 有效的脚手架

教学脚手架应具有以下三个主要特征（Wood,D. & Wood,H., 1996）：第一，教师与学生之间应该存在交互，而且这种交互是合作的、有效的。第二，学习应当发生在学生的最近发展区之内。教师应当意识到学生的现有知识水平，以及通过学习学生可以达到的水平。第三，随着学习者学习的深入，教师提供的脚手架应逐步减少或撤除。向学生提供的脚手架要有利于完成任务所需知识的主动内化。这种支持应逐渐减弱直至学习者能独立自主学习。

1. 教师设计有效的脚手架需要注意以下几点。

（1）学习任务的选择：任务中应当包涵学生需要掌握的技能。而且，任务也应当具有趣味性以吸引学生参与（Graves, M. & Braaten,S., 1996）。

（2）对错误的预期：选择任务后，教师需要预测学生在完成任务时可能出现的错误。对错误的预期能够使教师正确地引导学生，避免学生无效的努力（Rosenshine & Meister, 1992）。

（3）情感因素的考虑：脚手架的设计不仅仅局限于认知技能，它也涉及情感因素。在完成任务的过程中，教师需要关注学生是否情绪失落或者丧失学习兴趣。面对学生消极的情绪，教师应当掌握一定的管理和控制方法。例如，鼓励就是一种重要的脚手架策略。

2. 脚手架式教学的五大构成要素是：情境引入、搭建脚手架、独立探索、协作学习、效果评价。

（1）情境引入

将学生引入一定的问题情境（概念框架中的某个节点）。

（2）搭建脚手架

围绕当前学习的主题，依据"最近发展区"原则搭建适合的脚手架。

（3）独立探索

教师启发学生进行独立探索和分析。这个过程中教师还要适时地给予必要的提示，帮助学生沿着概念框架逐步理解。然后逐渐减少教师的支持，慢慢放手让学生进行独立探索，最后达到在没有教师引导的情况下学生还能继续在概念框架中理解和提升。

（4）协作学习

进行小组协商、讨论。通过讨论，使原来相互矛盾的意见、复杂纷呈的态度逐渐变得明朗、一致。在共享集体思维成果的基础上让学生对当前所学概念达到比较全面、正确的理解，即最终完成对所学知识的意义建构。

（5）效果评价

对学习效果的评价包括学生的自我评价和学习小组对个人的学习评价，评价内容包括自主学习能力、对小组协作学习所作贡献、是否完成对所学知识的意义建构等。

1.3.3 技术支持的脚手架教学

信息技术的发展使得教师与学生分别身处不同的环境开展教学成为可能，此时，教学中需要使用不同的脚手架策略来适应环境的变化。远程学习环境中设计一种能够适应新的声音、视觉环境变化的方式来建构有效的交互和合作学习是一项艰巨的挑战。教育中新技术的使用开辟了一些全新的学习环境，诸如超媒体学习环境、超文本学习环境、协作学习环境、基于网络的学习环境等（Pea，2004；Reiser，2004）。技术支持的脚手架教学不仅能用于支撑学生学习，还可用于学习诊断。

Jumaat 等人（2014）提出，线上学习最常使用到的脚手架有以下几种。

（1）概念脚手架：帮助学生选择在学习过程中需要考虑的概念，引导学生去掌握关键概念。

（2）程序脚手架：帮助学生有效地使用工具和资源。

（3）策略脚手架：帮助学生找到解决复杂问题的可替代的策略或方法。

（4）元认知脚手架：促使学生反思整个学习过程中的学习内容，并进行自我评估。这不仅能促进学生的高阶思维能力的培养，还能提高学生的提前计划能力。这是最常见的研究领域，被认为不仅能促进学生高阶思维能力，还能提高提前计划的能力（Reingold et al，2008）。

随着技术的发展，教师需要适应新媒体挑战所带来的脚手架策略的变化，而且也应有效利用基于网络的新兴工具带来的优势，如 Wiki 支持与学校讨论的社交平台等。随着技术的发展及其与教学理论的融合，过去的研究已经有不少认知学徒制与认知导师的运用，利用信息技术辅助学习者学习，过程中脚手架的提供与减少均由计算机担任起教师的角色,智能地提供给学生学习过程中所需要的协助。

1.3.4 相关案例

Charney 等人于 2007 年在国际科学教育期刊中发表《认知学徒在科学实验中的运用》〈Cognitive Apprenticeship in Sience Through Immersion in Laboratory Practices.〉一文中,通过认知学徒策略试图提高学生的科学逻辑论证能力、数据分析能力与建模能力。教学过程中提供真实有意义的任务、认知工具与科学家的示范与指导,学生学习过程中适当给予脚手架的协助,整个研究过程采用的认知学徒策略如图 1-6 所示。此外,本文提供的脚手架指的是提供给学生科学家呈现的研究问题及科学家实验与工作的技巧,以及学生的科学实践参考。研究结果显示,通过该项目学生学到了科学概念知识,专家建构的逻辑论证模式:建模、提出假设、提出问题如此重复三个步骤,然后逐渐修正解释和假设,使得学生对问题的解释变得更有深度,最后发现学生对科学本质的看法发生了改变。

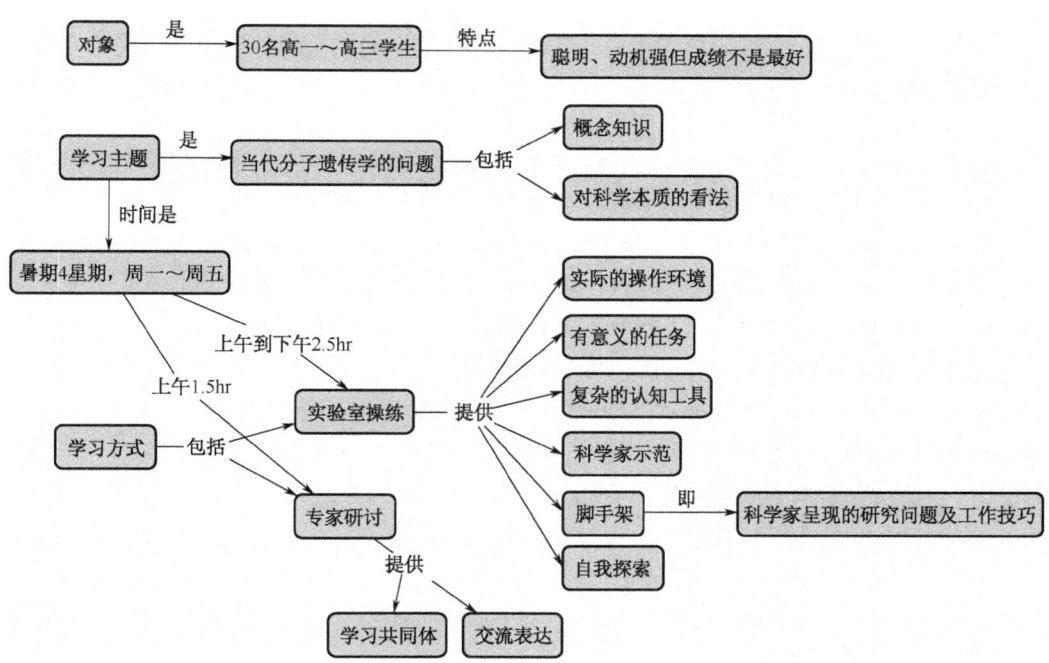

图 1-6 认知学徒、脚手架在科学实验中的做法(Charney, et al, 2007)

1.3.5 学习活动设计指引

时间分配	活动安排	活动说明
30min	1. 提出脚手架的概念引发学生讨论； 2. 学生对老师提供的教学 APP 进行评估，探讨 APP 的设计与认知学徒的关系	1. 从现实生活中的脚手架到教育学中的脚手架概念的迁移以及脚手架概念的说明； 2. 技术辅助脚手架的设计与运用案例思考；教师选择教学 APP 上的案例帮助学生理解脚手架，如 iPad 上的 virtual dental surgery 牙医教学 APP；安卓上的英语流利说 APP； 3. 学生思考 APP 中哪些地方运用了脚手架的功能； 4. 小组代表分享观察所得
15min	课本 & 文献导读	1. 对课本相关内容进行重点导读； 2. 如：脚手架的教学理论，如何设计有效的脚手架，技术支持下的脚手架教学发生的新变化等
20min	各小组收集技术支持下的脚手架教学案例	各小组利用网络或文献资源收集技术支持下的脚手架教学案例
20min	小组分享	各小组分享收集到的案例，并进行交流
5min	教师总结	

参考文献

[1] Sherin,B., Reisev,B.J.&Edelson,D. (2004). Scaffolding Analysis: Extending the Scaffolding Metaphor to Learning Artifacts[J]. *Journal of the Learning Sciences, 13*(3): 387-421.

[2] Jeff, C., Cindy. E. & Willion, S. (2007). Cognitive apprenticeship in science through immersion in laboratory practices[J]. *International journal of science education. 29* (2): 195-213.

[3] Chris Quintana, Brian J. Reiser, Elizabeth A. Davis, Joseph Krajcik, Eric Fretz, Ravit Golan Duncan, Eleni Kyza, Daniel Edelson and Elliot Soloway. (2004).

[4] A Scaffolding Design Framework for Software to Support Science Inquiry[J]. *Journal of the Learning Sciences,13*(3): 337-386.

[5] Graves, M., Braaten, S. (1996). Scaffolding reading experiences for inclusive classes[J]. *Educational Leadership*, 53(5): 14-16.

[6] Jumaat,Nurul,Farhana&Zaidatun,Tasir (2014). *Instructional Scaffolding in Online Learning Environment: A Meta-Analysis*[C]. Presented at the 2014 International Conference on Teaching and Learning in Computing and Engineering.

[7] Pea,R.D. (2004). The social and technological dimensions of scaffolding and related theoretical concepts for learning, education, and human activity[J]. *Journal of the Learning Sciences*, 13: 423-451.

[8] Raymond, E. (2000). Cognitive Characteristics. Learners with Mild Disabilities[J]. Needham Heights, MA: Allyn & Bacon, Pearson Education Company.

[9] Reingold, R., Rimor, R., & Kalay, A., (2008). Instructor's scaffolding in support of student's metacognition through a teacher education online course: a case study[J]. *Journal of Interactive Online Learning*, 7(2): 139-151.

[10] Reiser, B. (2004). Scaffolding complex learning: The mechanisms of structuring and problematizing student work[J]. *The Journal of the Learning Sciences*, 13: 273-304.

[11] Rosenshine, B., Meister, C. (1992). The use of scaffolds for teaching higher-level cognitive strategies [J]. *Educational Leadership*, 49(7): 26-33.

[12] Sawyer, R. Keith. (2006). *The Cambridge Handbook of the Learning Sciences*[M]. New York: Cambridge University Press.

[13] Wood, D., Wood, H. (1996). Vygotsky, tutoring and learning[J]. *Oxford Review of Education*, 22(1): 5-16.

Part 2

学生的深度学习
Supporting Students' Deep Learning

2.1 共同探究与知识建构
(Collective Inquiry and Knowledge Building)

知识建构过程中，个人知识的建构是个体认知消化吸收后对知识所产生的理解，在个人的学习过程中经常存在不完善或概念模糊的地方。这就需要通过群体的力量，通过学习者彼此的沟通、交流和分享来建构更加完善的知识全貌，理清对知识深层的理解。加拿大学者 Scardamalia 与 Bereiter（1991）认为，知识建构分为个体知识建构与群体协作知识建构。以下分别阐述。

2.1.1 个体知识建构

知识不是静态的，而可以看成一个流动、循环的过程，它是针对具体情境进行的再创造，即知识是一种学习活动的产物（Fischer，Bruhn & Grasel，2002）；在这种学习活动中，学习者根据自己的生活经验，通过一系列的认知活动，吸收和调整新的信息到自己的认知结构中，最终完成个人知识意义的重构过程。"建构"在这里体现了知识的产生和再创造过程，即知识的形成和掌握是一个动态的建构过程。按照建构的方式来分，知识建构可以分为个体知识建构和协作知识建构。

个体习得知识是由认知主体积极建构的，是通过新旧经验的互动实现的，认知的功能是适应，应有助于主体对经验世界的组织（刘晶，孙玲，2011）。网络环境中的学习，更多的是有意义的学习，基于问题的学习，而不仅仅是知识的传递。学习是需要意志的、有意图的、积极的、自觉的、建构的实践，该实践包括互动的意图—行动—反思活动（赵建华，2007）。

个体知识建构不但包括个体知识的获得，而且还与学习者对知识的细化、知识的创新和知识的发展有关。学习者个体自我发起、自我调控、自我负责的学习过程即是个体的知识建构过程。当今身处发达的网络环境中，学习者的独立自主学习能力显得更加重要。若学习者有较强的内在学习动机，就能借助于网络获取各种信息、转换与加工信息以及建构自己的知识。因此，学生从过去的从书本、教师处获得知识学问转化为利用身边的行动载具与网络信息等学习。

个体知识建构基于建构主义理论、信息加工理论和自我调控学习理论。在这组理论下，知识是一个动态的表征过程，是针对具体情境进行的再创造。学习者在非常自然的社会情境中，遇到困惑，引发学习动机，在网络环境中，自己检索信息或与同伴协作交流，与自己的社会体验相联系，整合信息，建构新的知识结构，这就是一个学习产生、创造的过程。由此可见，个体知识建构模型应由信息获取、信息加工转移和知识建构三个阶段组成。因此，刘晶与孙玲于 2011 年提出个体信息建构模型，如图 2-1 所示。

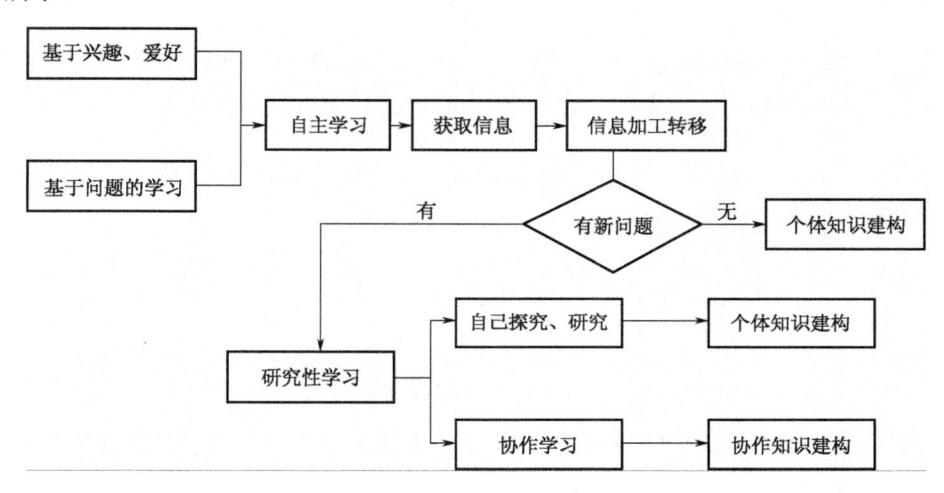

图 2-1　个体信息建构模型（刘晶，孙玲，2011）

2.1.2　群体协作知识建构

从个体知识建构到群体知识建构促进对特定知识点的深层学习（Deep Learning）。群体知识建构的教学方法，优点是能对知识创造与革新发挥更强大的作用。20 世纪被关注的两大类知识传递与教学，分别为陈述性知识与程序性知识；而 21 世纪则更关注理解知识、知道如何去运用知识以及知识的迁移与再创造。通过知识建构中的对话（Discourse）方式能够削减权威化的信息传递，增进学习者批判反思的能力。我们不希望学生只是接受权威知识的陈述或思考问题时只能回答"因为课本这么说……"，而没有自己的思考与判断。近年来对知识建构热门的研究议题有：学生是如何获得复杂新概念的、计算机支持有意图的学习（Intentional Learning）、如何有效设计知识建构的环境（Computer Support Intentional Learning Environment，CSILE），以及研究群体的知识建构历程等。

1. 群体协作知识建构的定义

对于协作知识建构内涵的理解，学者谢幼如（2009）总结，群体协作知识建构是指学习者在特定的组织中互相协作、共同积极参与特定的有目的性的活动，最终形成一定的观点、方法、思想等智慧产品的过程。张艳茹（2012）在总结他人观点的基础上提出，群体协作知识建构是个体在一定组织环境中，成员对共同的问题协作、交流并获得新知，最后解决问题并形成某种观点的过程。协作知识建构的关键是知识需要经过协商，而协商通过成员间的协作、交互、会话实现。成员对知识的获取、辩论与共享是由个体知识和与他人知识不断交流形成，成员间的沟通是协作知识建构的重要手段。

2. 群体协作知识建构的特征

张玉华（2010）通过分析国内外相关文献，将群体协作知识建构的特征归纳为以下五个方面。

（1）协作知识建构的前提是学习者之间以及师生之间由于背景不同存在认知上的差异，认知差异是知识得以改善的核心。正是这种认知差异性和多样性为形成新的、优化的观念形式创立了一个丰富的环境。

（2）在协作知识建构中，学习共同体的关注点是真正的问题，而非某方面的知识或主题，这是与传统讲授教学的区别。问题应具有真实性，真实的问题源于实际生活，能够激发学生参与的热情。问题的解决不在于寻找最终唯一的答案，而是鼓励学生从多角度思考，掌握解决问题的方法。

（3）协作知识建构的环境是去中心化、宽松、自由、民主的。学习者原有的观念是可以通过后期的学习改进的。这就需要在社群中建立一种具有心理安全感的文化氛围，使得学习者在采取冒险行动时能够感觉到安全，让他们敢于暴露自己的无知，说出不成熟的观点。学习者乐于分享自己和他人的知识，促进群体的共同发展。

（4）知识是学习共同体通过协商讨论的方式积极主动建构起来的，是可以共享的集体智慧的结晶。学习者不仅是在建构自己的知识，更重要的是发展集体的公共知识库，通过共同推进共同体知识的增长而实现个体知识的发展。学习者主动提出他们自己的观点，并与同伴和老师进行协商讨论，根据观点之间的差异关系形成某些决定，以激励和维持针对知识的改善。

（5）学习共同体是协作知识建构的主体。学习共同体是由学习者组成的，这些学习者基于相同的兴趣、爱好、共同的愿景，为构建公共的知识库积极贡献自己的知识并参与协商讨论。学习共同体是学习者通过协商互动建构协作性知识的一种学习方式，是学习者学习的环境和精神家园。国内外学者一致认为，知识建构特别是协作知识建构与学习共同体密不可分。协作知识建构是目标，学习共同体是社会协商和知识建构的重要方式。

2.1.3 学生以协同知识建构方式进行学习

Gunawardena, Lowe & Anderson（1997）等人提出了知识建构交互分析模型可以分为五个阶段：第一阶段是信息的分享和比较，团体成员交流观点，相互提问，并针对所讨论的主题做出描述；第二阶段主要涉及发现、分析观点的差异和分歧，团体成员试图找出观点中不一致的地方，提问并回答问题，进一步对主题进行阐述与深入；第三阶段，团体成员之间进行协商讨论，或通过提出新的观点、整合各种观点，进行知识的共同建构；第四阶段，成员通过个人经验、收集到的信息对新建构的观点进行检验和修订；第五阶段，成员达成一致性的共识并且能运用新建构的知识。这五个阶段一方面反映了社会性交互的完整过程，另一方面也反映了社会性交互的不同水平。为了研究团队学习，Scardamalia 和 Bereiter（1991）曾以成年人和小学生为例，对成年人和小学生知识建构过程中存在的差异进行比较研究。研究发现，在知识建构过程中，成年人对于自己的需求比较明确，他们能够提出准确的问题来获得满足自己需求的知识。然而，小学生缺乏自我主导的能力，他们不能明确地提出问题来获得所需的知识。因此他们设计了一个具有引导作用的学习环境，来帮助小学生在外界环境引导下进行知识建构方式的学习。

信息技术的普及与发展出现了数字化学习环境的新议题。传统的教与学模式向计算机支持的人机交互的学习转变。Scardamalia 和 Bereiter（1994）开始对计算机支持下的交互学习环境进行探究。该研究发现计算机支持的交互式学习环境不仅有利于知识建构过程中协作学习目标的实现，还可以利用技术在课外、校外进行学习活动，并通过课外讨论、交流继续完成知识建构。但是，个人在知识建构过程中仍会存在建构不合理和不完善的地方。为了解决这一问题，研究者提出以集体构建的学习方式来弥补学生个人知识经验构建的不足，且通过交互学习环境下的协同知识建构的合作和交流过程来对学生学习效果产生促进作用,进而提高学习效果(So,Seah & Toh,2010; Lee,Chan & Van,2006)。

因此学习者可以通过学科辅助工具、网上学习资源,或通过协同知识建构的方式来对知识进行深层次理解。在协同建构的学习方式中,学习者的学习积极性能被激发,进而促进他们主动探究的积极性。群体协同知识建构注重学生之间的合作和交流,在学习过程中借鉴他人的观点来不断完善自己的知识。与成年人相比,由于小学生年龄尚小,需要设计与引导或适当给出支架来帮助其完成任务。

2.1.4 相关案例

1. 案例一:从共享到共生:基于视觉文化专题网站的知识建构新理念

基于视觉文化专题网站支持的"视觉文化与媒介素养"课程教学实践经验,张舒予等(2012)提出"从共享到共生"的学习新理念。该理念可以初步界定为:从共享到共生,是指稳定的小组或团队在某个(知识主题)领域的教与学中,通过 E-learning 环境的支持,在个体间知识共享的基础之上,逐渐形成一种长效的、群体参与的、以促进个体知识内化和社会知识增长的"知识共生"的学习共同体,从而形成一种信息文化与课程文化相互融合的"文化共生"现象(见图 2-2)。

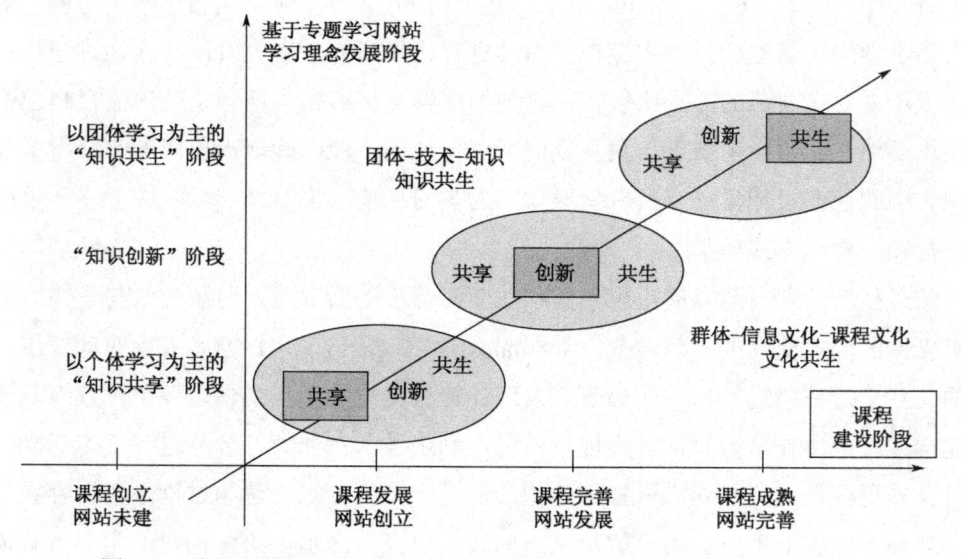

图 2-2 基于专题网站的知识建构理念演进示意图(张舒予,等,2012)

2. 案例二：信息化环境下概念图在协作知识建构中的应用研究

基于信息化环境下中学协作知识建构活动开展实际情况的调查和分析，杨玲（2011）引入了元认知工具之一——概念图，以支架式教学模式为参考框架，构建概念图在协作知识建构中的应用过程模型。该过程是在构图任务驱动以及教师的引导和帮助下，通过个人构图与小组协作构图来完成知识建构的过程（见图2-3）。

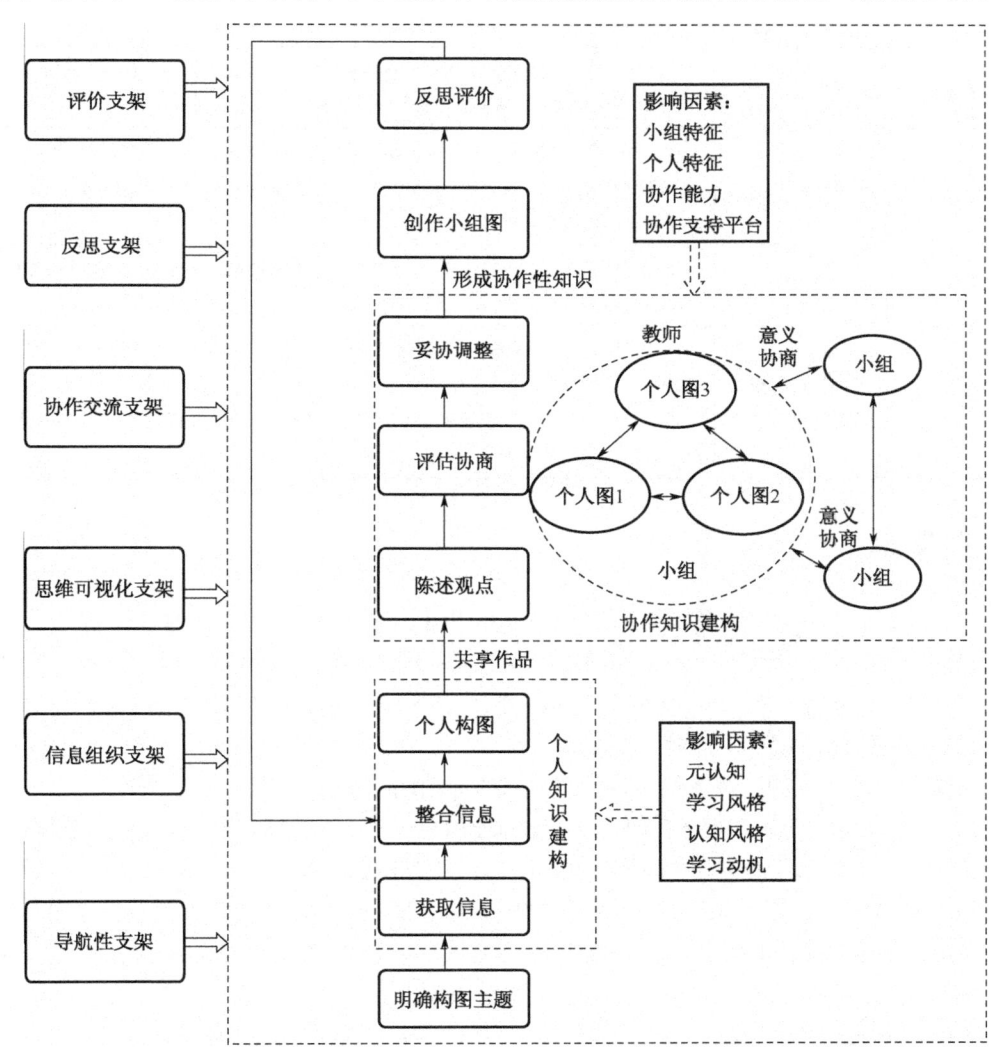

图2-3 概念图促进协作知识建构的过程（杨玲，2011）

2.1.5　学习活动设计指引

时间安排	教学流程	活动步骤
25min	小组讨论与分享	①老师提出问题：你身边有哪些支持网络协作个体或者群体知识建构的例子（如果没有，教师提供一些案例），请整理出一个表格，并介绍各自的优点和不足； ②小组内进行头脑风暴式的讨论，并将碎片化的观点写在白板上； ③选择一个小组汇报其讨论结果，其他小组进行补充
20min	教材讲解	教师系统地讲授个体知识建构和群体知识建构的理论知识（概念、相关研究、案例）。学生可以随时提问并与教师互动交流
35min	小组活动	①各小组针对教师的介绍，挑选几个国内外案例进行分析，探讨案例中如何实现知识建构，及其优点和缺点，并要求小组成员对其中的不足提出改进措施； ②每个小组进行班级展示与汇报
15min	教师讲授	教师总结各小组分析的案例，分析当前个体知识建构和群体协作知识建构的发展现状与趋势，为学生梳理关键点的知识
5min	讨论交流与布置课后作业	①本堂课的学习结束后，组内讨论交流自己对个体知识建构和群体协作知识建构的理解； ②以小组为单位，参考国内外案例，分别完成一个个体知识建构和一个群体协作知识建构的设计方案

参考文献

[1] 刘晶，孙玲（2011）．网络环境下的个体知识建构[J]．科教导刊，（10）：6-11．

[2] 谢幼如（2009）．网络课堂协作知识建构理论模式研究[D]．硕士学位论文：西南大学．

[3] 张舒予，朱永海，聂竹明等（2012）．从共享到共生：基于视觉文化专题网站的知识建构新理念[J]．现代远距离教育，（4）：32-37．

[4] 张艳茹（2012）．基于网络协作知识建构模式的研究[D]．硕士学位论文．浙江师范大学．

[5] 张玉华（2010）．Wiki环境下支持协作知识建构的学习活动设计与实践[D]．硕士学位论文．西南大学．

[6] 赵建华（2007）．网络学习中的协作知识建构[J]．外语电化教学，（3）：38-46．

[7] 杨玲（2011）．信息化环境下概念图在协作知识建构中的应用研究[D]．硕士学位论文．西南大学．

[8] Fischer, F., Bruhn, J., & Grasel, C. (2002). Fostering collaborative knowledge construction with visualization tools[J]. *Learning and instruction*, 12(2): 213-232.

[9] Gunawardena, C.N., Lowe, C.A. & Anderson T. Analysis of a global online Analysis of Interaction in Online Environments debate and the development of an interaction analysis model for examining social construction of knowledge in computer conferencing[J]. *Journal of Educational Computing Research*, 1997,17(4): 397-431.

[10] Scardamalia, M., Bereiter, C. (1994). Computer Support for Knowledge-building Communities[J]. *The Journal of the Learning Sciences*, 3(3): 265-283.

[11] Scardamalia, M., Bereiter, C. Knowledge Building(2nded)[M].UAŚ: *In Encyclopedia of Education*, 2003, 1370-1373.

[12] Scardamalia, M., Bereiter, C. (1991). Higher levels of agency for children in knowledge building: A challenge for the design of new knowledge media[J]. *The Journal of the Learning Sciences*, 1(1): 37-68.

2.2 计算机支持协作学习
（Computer Supported for Collaborative Learning，CSCL）

2.2.1 CSCL 的概念

随着计算机通信技术的不断发展，在线学习逐渐成为教育技术领域研究和实践的热点之一，诸如 E-learning 平台、Blackboard 平台、虚拟学习社区以及知识论坛等在线学习平台已经深入到学生各阶段各学科的学习当中。《21 世纪技能》中指出，沟通与协作能力是 21 世纪"学习与创新技能"的重要组成部分，应重视培养学习者的协作能力。在这样的目标导向下，小组协作学习逐渐成为教师教学中常用的策略之一，尤其是在高等教育的教学中。随着技术的进步和学习方式的变革，计算机支持的协作学习蓬勃发展，在线协作学习的方式逐渐被更多的学生接受和采用。教师和学生在计算机支持的在线平台上不受时空的限制，进行交流、分享、讨论和协作以寻求问题的解决方案，这符合建构主义提出的"知识是个体通过与伙伴的交流和协作而构建"的观点，因此，计算机支持的协作与在线知识建构成为了在线学习研究中的焦点问题。

1989 年，由 NATO（北大西洋公约组织）资助的一个特殊项目"高级教育技术"研讨会在意大利的 Maratea 召开，并且第一次采用了术语"计算机支持的协作学习"（Computer-Supported Collaborative Learning，CSCL）。因此，1989 年被看成 CSCL 的诞生年（赵建华，2009）。陈晓慧等（2009）指出，在一般研究中，对 CSCL 的理解是计算机支持的协作学习，采用的多是 Koschmann 的解释：它是一种教学技术模式，使用计算机技术（尤其是多媒体和网络技术）来建立协作学习的环境，辅助和支持协作学习方法来进行学习。从历史发展脉络看，CSCL 从早期的着重于计算机支持协作学习，到关注小组协作策略与交互设计的概念，到最后注重小组协作中意义形成的过程与实践。

计算机支持的协作学习是学习科学的一个新兴分支，主要研究人类如何在计算机的帮助下一起学习并创造计算机支持学生合作学习的环境（Weinberger & Fischer，2006）。协作学习把个体看做小组成员，包括协商、分享。把协作学习看作小组过程还是个体的相加，是研究 CSCL 的一个核心之处。在 CSCL 中，学习也被当作一种小组过程来分析；同时以个体和小组作为分析单位来分析学习。

2.2.2 CSCL 基础理论

从 CSCL 的历史进程中可知，从学术会议到教育技术与学习科学学者对该议题的关注与重视，从人工智能到协作支持，从计算机支持个人学习到支持群组合作学习，从心智表征到群体互动意义的建构分析，研究范式也从量化比较发展到微观的案例研究。Koschmann（1996）提出的计算机支持协作学习的发展历史轨迹如表 2-1 所示。我们可以清楚地得知，CSCL 的发展亦随着学习理论的变迁而改变，学习理论影响着学习系统的发展与应用，最终诠释出对学习理解的差异性。

表 2-1　CSCL 取向的历史轨迹（修改自 Koschmann，1996）

阶段	CAI 计算机辅助教学（Computer-Assisted Instruction）	ITS 智能教学系统（Intelligent Tutoring Systems）	Logo as Latin 基于 Logo 的学习系统	CSCL 计算机支持协作学习
代表事件	IBM 的 coursewriter I 的出现（1960）	Carbonell 论文中 AI 的提出（1970）	Mindstorms 的出版（1980）	CSCL NATO workshop（1989）
学习理论	行为主义	认知主义	建构主义	社会建构主义 对话理论取向 分布式认知理论
认识论基础	实在论绝对主义	实在论绝对主义	不可知论相对主义	不可知论相对主义 知识的建构本质上是一种社会过程
对学习的理解	将学习看作对事实的记忆活动，计算机化练习呈现逻辑顺序的知识块	通过心智模式与潜在的错误心智表征来分析学生的学习	主张学生自己建构知识，提供启发式环境，让学生探索与发现	探究计算机如何促使学生协作地共同学习

Stahl 在 CSCL2002 年会上提出了一个 CSCL 的理论框架，他认为可以从协作知识建构、小组与个体观点、以人工产物为中介、交流分析四个方面形成 CSCL 的理论及方法论框架体系：

（1）协作知识建构。从协作角度看，知识建构同学习相比具有更强的实体性和描述性。它有利于避免受个体认识论的影响，有利于确立社会实践观点。

（2）小组与个体观点。协作知识建构同小组和个体观点融合为一体。不能忽略个体的智力角色，但是应从小组交互角度进行认识。

（3）以人工产物为中介。以手头的人工产物（包括语言、认知、文化、物质和数字产品）为基础进行知识建构，并创立新的产品以形成、嵌入、保存和交流新知识。

（4）交流分析。对自然发生和仔细获得协作知识构建的案例（如关于课堂交流的视频记录），进行细致的分析后，可以明确学习中的知识建构活动、产品的中介角色与观点的结合。

上述四个因素不是孤立的，而是有机联系在一起的。CSCL 理论有助于我们对协作学习进行思考，形成教学结构，设计软件媒体，并且对课堂内外知识建构的形成进行研究。该理论的四个方面基本可以满足这种需要。知识建构的概念集中在活动同知识管理的联系上，并将作为理论得到进一步发展。

2.2.3　CSCL 发展趋势

国内外关于 CSCL 的研究非常多，赵建华（2009）将其归纳为以下九个方面：CSCL 基本问题研究、关于知识建构的研究、针对协作（合作）的研究、CSCL 中的问题解决、CSCL 的交互研究、CSCL 的技术支持、CSCL 的实践应用问题、CSCL 的研究方法、CSCL 的效果研究。他还针对过去文献研究的分析，提出国内 CSCL 的研究趋势，包括重视对协作学习过程的研究、相关理论研究持续深入、研究视角的多样化趋势等。考察 CSCL 领域的发展趋势，需要对 CSCL 组成的相关要素进行分析，以进一步明确该领域研究主题的发展脉络。

国内外关于在线协作学习的研究主要有两种：一种是在线同步网络课程中的协作学习研究。研究者将研究点聚焦于在线网络课程平台中的在线协作学习过程，大部分研究者参考或改编 Pena-Shaff、Gunawardena（1997）等人的交互分析编码表，对该过程中的交互进行分析，或参考 Oliver 等人的交互类型层次对学生的参与度进行分析。另一种为异步网络中的在线协作学习研究。目前国内学者关于在线协作学习的研究中，主要还是偏重异步网络中的协作学习过程，如 BBS、网络论坛等。不同学者从不同的角度，如交互过程、知识建构、协作活动等进行了研究。

此外，谢敏漪等人（2015）研究指出，目前国内外 CSCL 相关方面的研究主要有以下几个方面。

（1）在线知识建构过程的研究

关于在线知识建构过程的研究，研究学者在借鉴了 Gunawardena 的交互分析模型、Salmon 的 CSCL 活动过程模型、Stahl 知识建构过程模型等的基础上，对在线课程学习者做了知识建构过程分析。如陈丽（2004）利用成人远程教育的实际案例，对参与主题为"信息技术与课程整合"的教师进行案例研究，使用内容分析法探讨了教师的在线讨论过程。柴少明（2010）研究了基于 Moodle 系统的"E-learning 共同体网络课程"中异步协作学习的知识建构过程。

（2）在线环境中影响知识建构因素的研究

如杨惠等（2009）通过问卷调查法和内容分析法对首都师范大学虚拟学习社区两个学年的同一门网络课程进行实证研究，通过比较两个学年不同时期学习者的高水平知识建构情况，发现教师的教学组织行为是学习者高水平知识建构的影响因素。Hew 和 Cheung（2011）通过调查 40 个论坛，研究影响学生高层知识建构（达到 Gunawardena 模型的 2-5 层）的因素。Lai 和 Law（2013）通过对六年级和十年级的学生进行调查，研究在 CSCL 环境下提问对知识建构的影响。

（3）在线知识建构的评价框架

除了直接利用已有的知识建构过程模型进行研究，国内各学者综合相关知识建构理论，提出了自编的在线知识建构评价框架，并验证了其有效性。甘永成（2006）建立了在线学习交互分析的系统框架，根据此编码系统对一门课程进行了内容分析，探讨了其知识建构的过程与特点。陈向东（2008）设计了一种具有可操作性的异步交流知识建构的评价框架，并通过对在线课程上学习者的在线知识建构情况进行分析并验证其有效性。

（4）促进在线知识建构的策略的研究

林书兵（2008）采用校际协作学习活动认知建模的方式，并从觉知和协调关系的视角出发，提出了促进学习者协作互动的方法和策略。柴少明（2012）以在 Blackboard 系统上为教育技术学专业本科生所开设的《计算机支持的协作学习》课程为例，在分析学生知识建构情况的基础上，探索了促进在线知识建构的策略。

（5）学生对在线学习的态度、满意度以及在线学习效率的研究

Thompson 和 Ku（2006）调查了 12 名研究生在教学设计课程里的在线协作经验和态度。结果表明：无效的交流、小组成员间的冲突和消极的态度不利于在线协作，同时也表明越是协作程度高的小组越会产生更高质量的项目和更积极的态度。Akarasriworn 和 Ku（2013）调查了 28 名研究生在线同步视频会议协作学习环境的知识建构和态度。结果显示：学生有很积极的在线学习态度，知识建构层次多在第一层。Handy（2000）调查了中国和弗兰德一所大学的大一学生在在线环境的学习满意

度、表现和成就三方面的区别和相似之处。

除了上述研究者对 CSCL 的研究主题的趋势进行归类分析之外，目前 CSCL 的研究方法中以实验法（Experimental）、描述分析（Descriptive）、迭代设计（Iterative Design）与混合式研究法（Mixed Research Methodologies）为主，其中以定性、定量混合研究为主流。

2.2.4　CSCL 相关案例

1．VMT（Virtual Math Teams，虚拟数学小组）项目（见图 2-4）

在线 CSCL 的应用中，群体认知、协作协议、角色或信息感知实现起来一直都颇有难度，尤其是激励和维持有效的学生互动，需要有技巧的计划、协调以及实施。本案例在此重点推荐 VMT 项目的做法。

图 2-4　VMT 网站首页

VMT（Virtual Math Teams，虚拟数学小组）项目（http://vmt.mathforum.org/vmt/）是一个美国国家科学基金资助的项目，于 2003 年启动，由德雷克塞尔大学和"数学论坛"（the Math Forum）共同合作，研究开展在线协作学习环境的创新应用以提升 K-12 数学学习的效率（Gerry Stahl，2007）。VMT 是在"数学论坛"（http://www.math-forum.org）已有的服务项目基础上，更加强调学生之间对于讨论的积极参与，以及对问题的发现和知识经验的共享。为此，项目特别开发了一套整合 Wiki 模块的名为 VMT 聊天室（VTM Chat）的同步交流工具，它支持文本聊天以及共享白板两种交互形式。系统最为独特的功能是：它提供了一种参考支持机制，可以可视化用户当前的聊天发言、之前的发言以及白板上相关的图示之间的参考关系。并且,相关小组的最新聊天发言摘要将自动被发布在 Wiki 上,及时和其他小组实现共享。

2. 合作知识建构网络环境研究案例

新加坡学者 So, Seah 和 Toh-Heng (2010)设计了一个基于合作知识建构的网络环境,探讨通过个体与集体的知识建构活动来评估是否能促进高低水平学生的知识建构能力。研究者提供了一个网上知识论坛(见图 2-5),学生在科学课与活动过程中能在线进行知识建构与互动,学生在论坛中可以互相提出问题、表达不同的想法,并可通过线条连接彼此有关联性的概念。该论坛中还提供了语句支架方式让学生能更好地深入笔记记录,此外,该论坛还整合分析工具用于分析学生们的知识贡献、参与度和社会互动行为,作为学习的形成性评估,以达到监测和指导知识建构的过程。研究发现,在协同知识建构的环境中,无论是低水平成绩的学生还是高水平成绩的学生,都可以在协同知识建构的过程中有所提高学习成绩,但高水平成绩的学生更容易在知识建构方面获得更多成长。

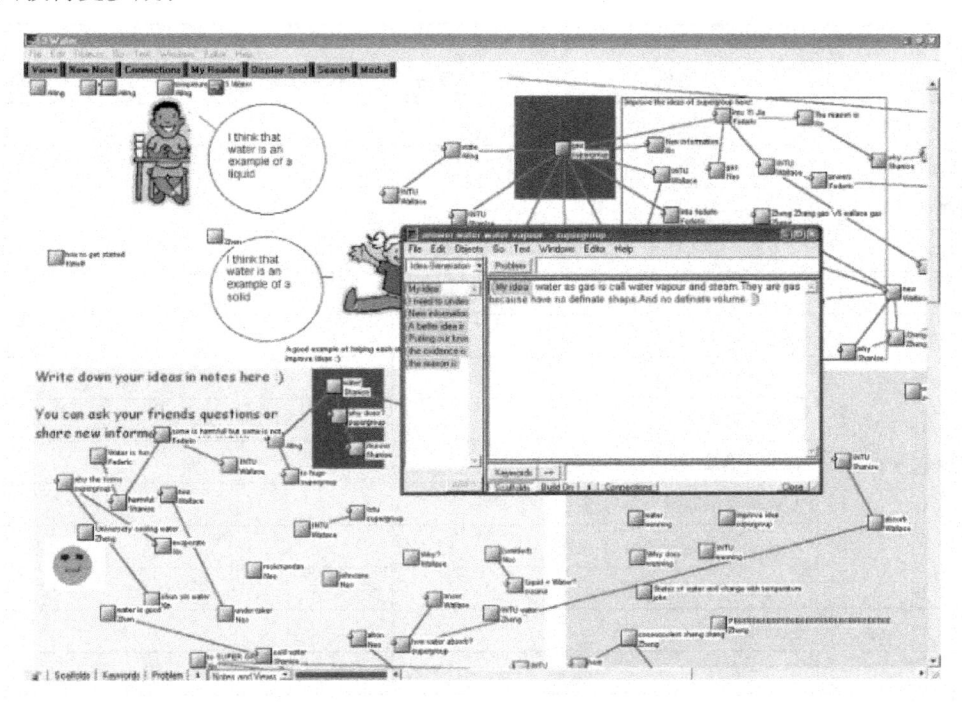

图 2-5 支撑合作在线交流知识论坛

(引自 So, Seah & Toh-Heng, 2010)

2.2.5 学习活动的设计指导

时间分配	活动安排	活动说明
25min	小组讨论与分享	①教师提出问题：你身边有哪些支持协作学习的计算机系统或者工具，请整理出一个表格，并介绍其优点和不足； 可参考四个 CSCL 的平台，分别是国外的 Coursera（https://www.coursera.org/）、Edx（https://www.edx.org/），国内的 ewant（http://www.ewant.org/）以及网易云课堂（http://study.163.com/） ②小组内进行头脑风暴式的讨论，并将碎片化的观点写在白板上； ③选择一个小组汇报其讨论结果，其他小组进行补充
20min	教材讲解	教师系统地讲授 CSCL 的理论知识（CSCL 的概念、相关研究、案例）； 学生可以随时提问并与教师互动交流
35min	小组活动	①各小组针对教师的介绍，挑选几个国内外案例进行分析，探讨其优点、缺点，并对其不足之处提出改进建议，使用"CSCL"网站教学平台分析学习单； ②每个小组进行班级展示与汇报
15min	教师讲授	教师总结各小组分析的案例，总结当前 CSCL 发展的现状与趋势，为学生梳理关键点的知识
5min	讨论交流与布置课后作业	①本堂课的学习完成后，组内讨论交流自己对 CSCL 的理解； ②以小组为单位，参考国内外案例，完成一个 CSCL 的设计方案

附件："CSCL"网站教学平台分析学习单

CSCL 平台		
所选课程		
面向对象		
教学目标		
分析主要内容		
版块	用户注册	
	课程介绍	
	课程授课计划	
	视频（形式、内容、长度等方面）	
	视频里穿插即时思考问题	
	周作业（机器判题/同伴互评）	
	讨论论坛（讨论类型、引导讨论等）	
课程互动	在线论坛	
	学习小组	
	Wiki	
	线下见面会	

续表

评价形式	在线测验	
	作业与习题	
学习模式	混合模式	
	在线学习	
	协作学习	
教学模式	视频课程	
	在线辅导/答疑	
	自学	

参考文献

[1] 甘永成（2006）. 虚拟学习社区的知识建构分析框架[J]. 中国电化教育，(2): 27-31.

[2] 甘永成，祝智庭（2006）. 虚拟学习社区知识建构和集体智慧发展的学习框架[J]. 中国电化教育，(5): 27-32.

[3] 陈丽（2004）. 网络异步交互环境中学生间社会性交互的质量——远程教师培训在线讨论的案例研究[J]. 中国远程教育，(07S): 19-22.

[4] 陈向东，赵怡（2008）. 基于知识建构的在线异步交流评价[J]. 中国电化教育，(12): 44-48.

[5] 杨惠，吕圣娟，王陆，等（2009）. CSCL 中教师的教学组织行为对学习者高水平知识建构的影响研究[J]. 中国电化教育，(1): 64-68.

[6] 林书兵，徐晓东（2008）. 从觉知到协调：促进协作互动的有效方法和策略[J]. 开放教育研究，14(1): 69-78.

[7] 柴少明，李克东（2010）. CSCL 中基于对话的协作意义建构研究[J]. 远程教育杂志，28(4): 19-26.

[8] 柴少明（2012）. CSCL 中促进协作知识建构的策略[J]. 现代远程教育研究，(4): 35-40.

[9] 谢敏漪，秦练，周鹏琴，等.（2015）. 非正式学习网络论坛中的知识建构——以北师大蛋蛋网为例[C]. 2015 全球华人电脑教育应用大会（GCCCE2015），中国台湾台北.

[10] 陈晓慧，阿不都卡德尔·艾买尔（2009）. CSCL 定义的演变和国际 CSCL 会议的主题变革[J]. 中国电化教育，(5): 21-24.

[11] 柴少明，赵建华（2008）. CSCL 环境中基于对话学习理论的教学设计[J]. 电化教育研究，(4): 48-49.

[12] 赵建华（2006）. 计算机支持的协作学习[M]. 上海：上海教育出版社.

[13] 赵建华（2009）. CSCL 研究的现状及发展趋势[J]. 中国电化教育，(5): 7-14.

[14] 赵建华（2005）. CSCL 的基础理论模型[J]. 电化教育研究，(5): 11-12.

[15] 郁晓华，祝智庭（2009）. CSCL 应用的新研究[J]. 中国电化教育，(5): 28-30.

[16] Akarasriworn, C., Ku, H. Y. (2013). Graduate students' knowledge construction and attitudes toward

online synchronous video conferencing collaborative learning environments[J]. *Quarterly Review of Distance Education, 14*(1).

[17] Fischer, F., Bruhn, J., & Grasel, C. (2002). Fostering collaborative knowledge construction with visualization tools[J]. *Learning and Instruction, 12*(2): 213-232.

[18] Gunawardena, C. N., Lowe, C. A., & Anderson, T. (1997). Analysis of a global online debate and the development of an interaction analysis model for examining social construction of knowledge in computer conferencing[J]. *Journal of educational computing research, 17*(4): 397-431.

[19] Handy, D. J. (2000). Internet-based collaborative learning: A case study of an undergraduate honors English class (Doctoral Dissertation, Washington State University, 2000)[D]. *ProQuest Digital Dissertations, 9988963*.

[20] Hew, K. F., Cheung, W. S. (2011). Higher-level knowledge construction in asynchronous online discussions: An analysis of group size, duration of online discussion, and student facilitation techniques[J]. *Instructional Science, 39*(3): 303-319.

[21] Lai, M., Law, N. (2013). Questioning and the quality of knowledge constructed in a CSCL context: a study on two grade-levels of students[J]. *Instructional Science, 41*(3): 597-620.

[22] Thompson, L., Ku, H. (2006). A case study of online collaborative learning[J]. *Quarterly Review of Distance Education, 7*(4): 361-375.

[23] Gerry Stahl. (2007). Virtual math teams project: An overview of VMT[DB/OL]. Retrieved January 14, 2007, http://www.mathforum.org/vmt/TheVMTProject.pdf.

[24] Marco Arrigo, Onofrio Di Giuseppe, Giovanni Fulantelli, Manuel Gentile, Gaspare Novara, Luciano Seta, Davide Taibi(2007). A Collaborative Mteavning Environment[C]. Austin Norman, Jon Pearce. *Proceedings of 6th Annual International Conference on Mobile Learning: mLearn melbourene 2007—making the connections* (pp. 13-22). Melbourne, Australia: University of Melbourne.

[25] Rockwood, H. S. (1995). Cooperative and collaborative learning[J]. *The national teaching & learning forum, 4*(6): 8-9.

[26] Stahl, G. (2002). Contribution to a theoretical framework for CSCL[C]. In G. Stahl, (ed.), Computer Supported for Collaborative Learning: Foundations for a CSCL Community. *Proceedings of CSCL 2002*, Boulder, Colorado, USA, Jan 7-11, Hillsdale, NJ: Lawrence Erlbaum Associates, Inc.

[27] Szewkis, E., Nussbaum, M., Denardin, F. et al. (2011). Collaboration between large groups in the classroom[J]. *International Journal of Computer Supported Collaborative Learning*. (6): 561–575.

[28] Weinberger, A., Fischer, F. (2006). A framework to analyze argumentative knowledge construction in computer-supported collaborative learning[J]. *Computers & Education*, 46(1): 71-95.

2.3 基于问题与基于项目的学习
（Problem and Project-Based Learning）

2.3.1 基于问题的学习（Problem-Based Learning，PBL）

基于问题的学习是近代教育的典范与潮流，从幼儿教育到高等教育随处可见，它是以问题为核心的教学。PBL 最早源于 1960 年，由加拿大的 McMaster 大学提出以学生自主学习为主轴的教育理念，并以学生为中心、以问题为教材、以小组为模式、以讨论为学习的形式建立了世界上第一所以 PBL 为轴心课程的医学院。基于问题的学习是一种强调让学生体验问题解决过程并在问题解决中获取知识的学习方式，它是以问题为核心，关注问题解决的一种教学策略。

基于问题的学习的理论基础包含建构主义、情境学习与合作学习等理论。

（1）建构主义：强调学习者可以通过经验性（动手、动脑）过程，建构自己的知识体系；强调学习是从做中学而得到知识，而不是被动接受知识。

（2）情境学习：基于问题的学习强调提供给学习者真实的学习情境，真实的学习情境才能增进学习者的学习迁移并帮助学习者学以致用（Barrow & Tambly，1980）。学习者面对真实世界的问题并学习以各种不同角色去察觉事实真相，体验各种不同的互动历程，融入情境脉络中学习。

（3）合作学习：基于问题的教学策略改变传统的教师单向教学、学生被动接受的习惯；以运用合作学习策略共同解决问题的方式，培养学生批判性地思考、沟通、合作的能力。通过学习伙伴互相合作解决问题的过程，提高学生学习成效与学习的责任感。

PBL 的基本要素主要有以下几个方面：以问题为学习的起点；学生的一切学习内容是以问题为主轴所架构的；问题必须是学生在专业领域可能遇到的"真实"的非结构化的问题，没有固定的解决方法和过程；偏向于小组合作学习和自主学习，较少讲述的教学；学习者能通过社会交往发展能力和协作技巧；以学生为中心，学生彼此分工且必须担负起学习的责任；教师的角色是在学习过程中提供脚手架与辅导陪伴等。

2.3.2 基于项目的学习（Project-Based Learning，PBL）

基于项目的学习的理念可追溯至杜威的做中学（Learning by Doing）理念，以活动、专题、问题解决方式等作为学习主轴的一种教学法。整个学习概念强调学习内容不再以教师为提供者，而应该是师生共同建构知识的历程，不仅强调做中学，还要从研究中学习（Learning by Research），培养学生项目管理与问题解决的能力（徐新逸，2001），促进学习者对知识学问的深层理解。

在基于项目的学习中，当学习者通过操作并应用知识来积极地建构个人的理解时，他们能获得对知识更深层次的理解。PBL是情境学习的一种，PBL使学生通过应用知识和做中学，参与到真实世界的活动中，这些活动与成年专家的活动极为相似。PBL允许学生探究问题、提出假设、做出说明、讨论、彼此质疑、实验。过去的研究表明：PBL课堂的学生比传统课堂的学生学习成绩更好。

基于项目的学习正是一种强调让学生制作作品或进行创作甚至实物创造的学习方式，学生开展的项目包括问题式或探究式的类型，也包括其他类型。例如：设计并制作一个太阳能灶；设计并制作一个泥石流预警设施；设计并制作学校T恤衫，等等。

PBL以积极建构、情境学习、社会交互、认知工具作为理论基础。积极建构：学习者通过探究周围的世界、与环境交互、观察现象、产生新想法、与他人讨论来积极建构知识。情境学习：学生能够方便地了解任务与活动的价值及意义，把学习到的经验运用到更多的情境中。社会交互：教师、学生、社区成员在共同的情境活动中建构与分享知识。学习者通过分享、应用、讨论等形式发展对学科的理解能力，重复该过程即促进了学习社区的形成。认知工具：扩展了调查问题的范围，使得学生多维度观察各种现象。认知工具能够支持学生：（1）收集与处理一系列的科学数据信息；（2）提供科学家使用的可视化数据分析工具；（3）在不同网站间收集信息与分享信息；（4）计划、建造、检验模型；（5）制作多媒体文件，方便学生表达和理解。

剑桥学习科学手册中提到基于项目学习的五大特征包括：驱动问题、情境探究、协作、技术工具支持、创造制品（Sawyer，2006）。

（1）从驱动问题开始：从一个需解决的问题开始学习，成为驱动问题，帮助学生认识到问题的价值（学生可能意识不到驱动问题的价值性，教师可以用抛锚体验的方式来为学生呈现一般性的经验，使一般性的经验与新经验建立联系）。抛锚体验是指给学生呈现一般性的经验，将这些经验与项目中的新经验建立联系。如：介绍细胞、系统、微生物的时候，可以先讲一个小朋友患上流行性感冒的例子，将疾病和学生及其生活联系在一起。PBL课堂与传统课堂是不同的，传统课堂的活动一般都是短暂的，而且实验的步骤也是固定的，很少有探究的过程，而PBL在探究问题时会在一段时间内持续地研究驱动问题。好的问题具有可行性（学生能够完成）、价值性（有学习的价值，课程标准的要求）、情境性（真实性）、意义性（对学生有用且有趣）、道德性（不能对他人和社会造成伤害）。

（2）学生在真实情境中进行探究：在真实情境中对驱动问题展开探究，解决问题的过程类似学科专家的研究过程，探究过程中将学习及应用学科思想。情境探究中，教师提供详细的课程材料，帮助学生设计基于问题驱动的调查，教师还提供详细的评论和实验的基本原理，协助确定调查模型，再让学生提建议。学生根据材料中提示的技巧设计调查，教师及时反馈。教师示范研究过程，学生提出相关问题，并自行调查，必要时可修改教师实验模式。

（3）协作：教师、学生、社区。协作：课上，学生与学生、学生与教师间进行协作，教师就是一个学习者共同体；课堂外，学生参与到与成人的交流当中。有些学生的协作能力可能比较欠缺，教师应该帮助这些学生发展协作能力，如会话转换技巧、倾听、尊重等。在交流的过程中学会对他人的想法进行整合。协作是PBL的最大特征，PBL为学生、教师及社区成员彼此协作、调查问题、交流思想提供了机会。教师成为学习者共同体。在教室里，学生彼此之间协作，也可以和教师协作，提出问题，做出解释，形成结论，理解信息的意思，讨论数据，展示发现等。

（4）学习技术：技术工具支持学习。使用学习技术的原因是技术工具能促进课堂环境的转变，使学习者积极地建构知识；技术与科学实践有内在的一致性；技术能够动态、交互地呈现信息；技术能为改变"讲授—接受"教学模式提供前所未有的机会。学生利用学习技术可以实现：接触到互联网上真实的科学数据，在网络上与他人协作，收集数据，绘制图表，分析数据，创建模型，制作多媒体作品；拓展学生课堂中的视野；帮助教师的教与学生的学，等等。

（5）成果制品：创造并制作出一套能解决问题的可行产品，作为课堂成果，并公开分享。人工制品是知识建构的外在表现。PBL中的人工制品是驱动问题探究的衍生结果，如：实体模型、录像带、绘图、游戏、戏剧、网站、电脑游戏等。对人工制品的要求：能够体现驱动问题的解决；能够表现出学生对知识逐渐深入的理解；要能够支持学生形成与项目的学习目标相关的理解。重视人工制品的原因：通过创造人工制品，学生建构、重建他们的理解；学生在项目中创造人工制品时，过程与真实生活中的学习是一致的、连续的，教师可通过学生的人工制品了解到学生的理解力发展状况；学生展示制品时，增进了他们对知识的理解；个人理解可视化、学生反馈的呈现。关于人工制品的经验——反馈：教师很少能够给学生提供充分的反馈，原因：（1）时间有限；（2）能力有限。帮助教师给学生提供反馈的方法，包括质量层级规范、以组为单位提供反馈。

随着数字化时代教育的变革，近年来基于项目的学习也被广泛运用到网络专题导向的学习方式中，如一年一度的台湾学校网界博览会（http://cyberfair.taiwanschoolnet.org），该活动将学生分成专题小组，进行会议式的探索、资源搜寻、网页制作、成果发表与展现等。参与的学生通过寻找主题进行采访研究并制作成网页，在这个过程中增进其对学校、社区的直接认识，培养学生的研究精神与资料搜集、整理、分析的能力。网界博览会源自美国"国际学校网界博览会"的构想 Global SchoolNet：International CyberFairj（http://www.globalschoolnet.org/），该活动的主题包含以下八大类：地方人物、地方社团族群、地方企业组织、地方特产特色、地方观光资源、地方历史古迹、地方环境议题、地方音乐艺术；通过专题导向学习统整整个学习历程的相关知识，通过团队学习、搜集相关数据、消化数据、撰写调查报告、归纳总结并提出结论与展示成果，达到求真求实的科学精神。

2.3.3 基于项目的学习与基于问题的学习的区别

基于问题的学习与基于项目的学习共同之处：让学生处在真实的任务中；开放性的任务或问题有多种解决办法或答案；项目和问题要能模拟专业情景；以学生为中心，教师是促进者；需要学生长期以小组的形式工作；鼓励学生多方寻求信息；强调真实性和基于绩效的评价；为学生的自我反省和自我评价提供充足的时间和多样的方法。

基于项目的学习过程涵盖了基于问题的学习，而基于问题的学习与基于项目的学习区别如表2-2所示。

表 2-2　基于问题的学习与基于项目的学习对比

维度	基于问题的学习	基于项目的学习
目标	通过解决问题来掌握课程内容	对教材内容以外的知识的体验与经历，旨在丰富学生对外在人、事、物的认识
学习时间	较短	通常较长（一学期或一学年）
主题	单一性	开放且多元
实施步骤	较固定	自由、多样
学习成果	问题解决方案（不要求有制品）	研究报告或多样化的制品
重点培养	批判思维与问题解决能力	项目管理能力与综合素养

第一，目标不同。基于问题的学习目标——通过解决问题来促进知识的理解与建构，学生通过理解知识获得的过程，灵活掌握并运用知识。基于项目的学习——并非只为掌握学科知识，更侧重于对教材内容以外知识的体验与经历，丰富学生对事物的认识。加强学生认识事物的广度，拓宽学生的学习视野。

第二，学习时间长短不同。基于问题的学习为了掌握学科知识，解决问题持续的时间不能也不应该过长。基于项目的学习则不受时间的限制，有些项目的学习长达一个学期乃至一年，都是常见的。

第三，主题设计方面。基于问题的学习通常主题较为单一，解决一个或同性质知识点的问题，而基于项目的学习主题通常较为开放与多元化。

第四，学习实施步骤不同。基于问题的学习的步骤基本固定，基于项目的学习通常没有一套大家共同遵循的程序，不同的人、不同的项目，实施的步骤肯定有差异。

第五，基于项目的学习会要求最终生成一个产品或展示，而基于问题的学习没有这方面的要求。基于项目的学习包涵基于问题的学习。

第六，基于问题的学习突出培养学生的批判思维能力和问题解决能力，而基于项目的学习更加强调综合能力的培养。

2.3.4　相关案例

以美国伊利诺伊州一所中学进行的"蚊子问题"为例，进一步介绍基于问题的学习模式。该案例一共分七个步骤进行，分别为呈现问题并分配角色、问题分析、让学生界定问题、收集并共享资源、提出解决方案、陈述解决方案和反思。问题背景：某市郊区有大量的蚊子，这些蚊子困扰着当地的人们。该市市长理查德·克拉克要求国家灭蚊中心（Center County Mosquito Abatement Agency，CCMAA）尽快处理该问题，以保证当地人的健康。教师角色：在基于问题的学习中，教师处于一种"认知教练"的角色，随着问题解决的不断进行，这种角色会慢慢隐退。在活动开始之前，为学生提供问题情境，并准备相关资源；在问题解决过程中，教师一直处于协助和指导问题解决的角色，支持学生的学习。第一步，给学生呈现问题并进行角色分配。第二步，对问题进行分析。第三步，让学生界定问题陈述。第四步，收集和共享资源。第五步，初步提出一些解决方案并选择一个最佳方案。第六步，陈述解决办法。第七步，反思。

以"基于项目的学习社区"为例，如：校园跳蚤市场活动策划书。在资源和能源危机日益严重的今天，在环境和生态破坏日益严重的今天，人类正面临着全球气候变化和不可持续发展的重大威胁！让我们养成低碳习惯。低碳并不遥远，就在我们身边！低碳既是一种美德，也是一种生活方式，举手投足皆可低碳。很多同学在整理物品时，会发现很多对自己用处不大又弃之可惜的物品，此活动可以帮助学生们处理手头闲置物品、倡导环保理念。目的和意义：通过制定校园跳蚤市场活动策划书，为学校开展低碳教育和实施低碳活动提供思路，加强全校学生对低碳的理解，提高学生的低碳意识等。参与该项目学习的学生将加深对低碳的理解，提高合作能力和实践能力，特别是对活动策划的方法和技能。

2.3.5 学习活动设计指引

给学生提供下面两个学习活动范本，一个是基于问题的学习活动——"小小园艺师"，另一个是基于项目的学习活动——"我的自动浇花器"。自行设计基于问题或基于项目的学习方案，再进行小组展示并评出最佳创意方案。

范本一：基于问题的学习活动介绍——小小园艺师		
时间分配	活动安排	活动说明
25min	情景导入 问题提出	● 提供三种植物：玫瑰—无，杜鹃—酸，黄刺玫—碱 ● 提出问题：选择哪种植物？在哪里种植？ ● 发放学习单
25min	分析讨论 搜集资料	● 小组讨论（植物对土壤环境的要求，影响因素：土壤pH值、温度、光照、水分），并提出方案

续表

时间分配	活动安排	活动说明
40min	实地考察	● 小组经过讨论，选择实地 ● 教师分发实验必需材料，并通过抽签的方式选择实验器材 ● 小组利用器材分析环境因素
15min	小组总结	小组将资料进行汇总，完成具体方案
30min	小组汇报	小组进行汇报，呈现遇到的问题及具体的解决方案
10min	教师总结	教师分析活动中的问题，分享设计思路

<table>
<tr><th colspan="3">范本二：基于项目的学习活动——我的自动浇花器</th></tr>
<tr><th>时间</th><th>活动安排</th><th>活动说明</th></tr>
<tr><td>15min</td><td>问题引入</td><td>开题和头脑风暴：
1．讨论制作自动浇花器要考虑哪些问题，并记录；
2．填写项目实施计划书</td></tr>
<tr><td>10min</td><td>资料收集</td><td>分析需水量，讨论如何满足不同品种花朵的需水量要求</td></tr>
<tr><td>10min</td><td>探究活动1</td><td>第一次滴水试验，初步尝试</td></tr>
<tr><td>10min</td><td>总结反思1</td><td>讨论影响水滴速度的因素</td></tr>
<tr><td>15min</td><td>探究活动2</td><td>第二次滴水试验，探索控制水滴速度的方式</td></tr>
<tr><td>10min</td><td>总结反思2</td><td>补充讨论影响水滴速度的因素</td></tr>
<tr><td>25min</td><td>探究活动3</td><td>制作自动浇花器：
1．画出自动浇花器设计草图；
2．控制水滴速度；
3．保证蓄水量</td></tr>
<tr><td>25min</td><td>展示活动成果</td><td>展示自动浇花器设计草图和成品，并说明设计思路</td></tr>
<tr><td>20min</td><td>教师总结反馈</td><td></td></tr>
<tr><td></td><td>制作宣传资料</td><td>制作宣传展板、宣传册、宣传小网站</td></tr>
<tr><td></td><td>形成项目成果报告书</td><td>依据项目成果报告书模板形成项目成果报告书</td></tr>
</table>

附件：基于项目学习案例分析表

分析项目名称	参考 http://www.globalschoolnet.org/gsncf/winners/
出处	2015年台湾学校网界博览会官网——历届作品 http://cyberfair.taiwanschoolnet.org/history.htm

续表

基于项目学习（PBL）的主要特征	
1. 驱动问题	有意义而重要的问题，以一个真实世界中的情境作为锚点，组织并推动活动
案例中的研究问题是？	
意义、价值和真实性	
2. 情境探究	学生参与科学研究实践，设计可利用工具和技术，搜集并分析数据的调查方案
其调查方案和调查模式	
分析并解释所发现的事实	
3. 协作	学生、教师和社区人员彼此协作、调查问题、交流思想、共建共享
团队中的协作学习方式	
4. 技术支持	应用技术、工具开展科学实践，扩展视野，促进教学
所用的技术和工具	
5. 创造制品	制品是知识建构的外在表现，所创造的产品使学生的理解可视化
研究成果	
开放式讨论	
此研究项目的优缺点	

参考文献

[1] 徐新逸（2001）. 如何利用网络帮助孩子成为研究高手——网络专题式学习与教学创新[J]. 台湾教育，607 期，25-34.

[2] Barak, M., Dori, Y.J. (2005). Enhancing undergraduate students' chemistry understanding through project-based learning in an IT environment[J]. *Science Education*, 89(1): 117-139.

[3] Barrow,H.S.,Tambly,R.M. (1980). Problem-based learning: an approach to medical education[M]. New York: Springer Publishing Company.

[4] Land,S.M., Greene,B.A. (2000). Project-based learning with the world wide web: A qualitative study of resource inte-gration[J]. *Educational Technology Research and Development*, 48(1): 45-67.

[5] Sawyer,R.K. (2006). The Cambridge Handbook of the Learning Sciences[M]. Cambridge: Cambridge University Press.

[6] 基于项目的学习社区网址：http://pbl.cbern.gov.cn/pbl/portal/index.jsp

[7] 台湾学校网界博览会：http://cyberfair.taiwanschoolnet.org）
   Global SchoolNet: International CyberFair : http://www.globalschoolnet.org/

Part 3

研究方法
Methodologies

3.1 基于设计的研究（Designed Based Research）

3.1.1 研究范式

"范式（Paradigm）"一词源自美国当代科学哲学家托马斯·库恩于 1962 年发表的创造性著作《科学革命的结构》(The Structure of Scientific Revolution)（托马斯·库恩，金吾伦，胡新和，2003）。文中库恩对"范式"的意义进行了多种不同的描述，但是对"范式"核心思想的解释却非常明确——范式主要是指在自然科学中普遍公认的，能够在短期内为一群实践者提供模型问题和解答的科学成就（米切尔，察振扬，1987）。进一步讲，范式突出体现在科学共同体对事物共同的认识观、专业学科的知识体系和范例，以及开展研究活动时所遵从的各种规范等。《西方教育词典》认为，范式（引自柯小华，李红波，2008）"是知识社会学术语，指一个人在执行任务、解决问题，或者广义地说，从事他的事业时所持有的一系列看法，包括这个人（同他所持有相同思想的同事们）在实践时所持有的观点、假设、价值准则、方法论以及检验的标准和精确度等。也可以说，在同一学科中不同思想流派是在不同范式中工作的"。范式可以分为学科范式和研究范式（任翔，田生湖，2012），其中研究范式可进一步分为哲学思辨研究范式、实证主义研究范式、人文主义研究范式，见表 3-1。

表 3-1 研究范式的分类 （整理自张文兰，刘俊生，2007）

类型	哲学基础	关注内容	研究对象特点	主要研究方法
哲学思辨	运用哲学逻辑推理进行的理论性、概念性研究	研究者"书斋式"的主观推理和反思，如教育技术学的学科定位与本质探讨、教育技术学的科学体系建构以及教育技术学的发展历史回顾	抽象的、辩证的、历史的	演绎法、文献法
实证主义	是哲学的经验主义认识论，提倡价值中立论，借鉴自然科学的研究方法来解释教育现象，建立"假设—验证"的研究体系	现代教育技术的媒体功效比较、教学模式的设计与开发、教学环境的创设与改进以及教学原理的实践与应用等	运用调查实验、统计分析的手段来探求教育技术的一般规律	实验法、调查法、观察法
人文主义	理性主义认识论，反对实证主义研究中对价值的忽视和对整体的分割，承认教育技术研究的复杂性与整体性	研究者参与观察与体验，以整体和系统的观点长期深入探究	对研究对象的全面深刻理解	内省研究、行动研究、个案研究、质的研究、人种学研究

一门学科的研究范式的产生标志着该门学科的成熟。随着教育技术学的不断成熟，研究者也逐渐发现仅仅使用单独一种研究范式是无法解决学科研究中遇到的全部问题的。因此，一种多元、综合的教育技术研究范式应运而生，基于设计的研究则涵盖于其中。

3.1.2 基于设计的研究（Design-Based Research）

基于设计的研究的诞生标志是安·布朗（Ann Brown，1992）和他的同事艾伦·柯林斯（Allan Collins，1992）共同提出的"设计实验（Design Experimentation）"，随后学者也将其称之为"设计的研究（Design Research）"和"基于设计的研究（Design-Based Research, DBR）"。

基于设计的研究是一种在真实自然的情境中，聚焦于设计与重要干预的测试，通过使用多种研究方法，经过多次迭代，在研究者与实践者的共同努力下，根据来自实践的反馈不断改进和排除设计缺陷，形成可靠而有效的设计的进化，从而实现理论和实践双重发展的新兴研究范式（Terry Anderson & Julie Shattuck，2012）。

基于设计的研究的特点有：迭代、注重过程、干涉主义、合作、混合多种研究方法、实用导向和理论的驱使与生成。

设计、理论、问题、自然情境与不断进行迭代是基于设计的研究的五大核心要素，如图 3-1 所示。各要素特征之间相互作用、相互影响。设计是基于理论的，而理论的作用又影响了解决问题的方法，在整个过程中，研究及影响不是单纯的发生在自然情境之中，而是通过四要素交互影响、交互融为一体的。最后，再通过多次迭代，对整体设计进行修正与完善，促进理论的演变。

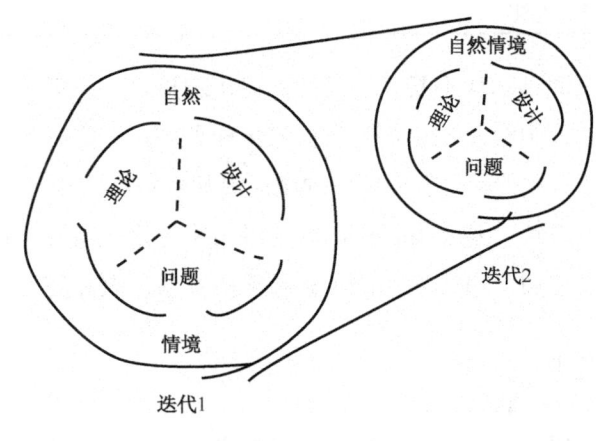

图 3-1 基于设计的研究总体要素图（Barab，2006）

为了进一步明确基于设计的学习特点及其与心理实验、行动研究的区别，我们分别进行了基于设计的研究与心理实验、基于设计研究与行动研究的对比，如表 3-2 和表 3-3 所示。

表 3-2　基于设计的研究与心理实验的对比（Collins，1999）

方法类别	心理学实验	基于设计的研究
研究场地	实验室情境	教与学实际发生的真实生活情境
变量的复杂性	单变量或多个依存变量	多种依存变量，包括环境变量（学习者间的写作、可变的资源等）、结果变量（学习内容、迁移）和系统变量（扩散和可持续性）
研究关注的焦点	变量的验证及其控制	复杂情境的特点
程序的展开	运用固定的程序	灵活设计和修正，初始谨慎地设计，根据现实中能否成功而进行完善
社会交互的程度	隔离学习者以便控制交互	涉及与参与者复杂的社会交互，以便分享观点、相互吸引等
结论的特点	关注假设检验	涉及对设计感等多个方面的审查，开发符合现实情景的文档
参与者的作用	将参与者视作主体和主人	涉及不同参与者，将其不同的经验融入到设计方案的开发和分析之中

表 3-3　基于设计的研究与行动研究的对比（焦建利，2008）

方法类别	基于设计的研究	行动研究
目的	解决实际问题并促进理论发展	解决实际问题
情境	教育实践中	当事人实践工作情境
研究主体	研究者、实践者等多方共同参与	实践工作者
结果的推论	情境特定，但强调可迁移性	情境特定
研究方法	质性研究与量化研究	偏向质性研究
研究效益	解决问题，提升研究人员的研究素养，提高教师的创新能力和研究积极性	解决问题与促进个人专业成长

基于设计的研究通过迭代不断优化设计，促进理论进化，但其仍存在一些问题。诸如，在多次迭代过程中会存在过量的数据收集和处理，研究者与实践者需要长期合作与配合，同时研究多个变量而教育环境的相同或相似情境较少，制约了研究的信度、效度等。但是，不可否认，基于设计的研究通过其将理论、问题、设计与真实情境在迭代过程中的融合与作用，更好地解决了教与学的实践问题。

3.1.3　相关案例

纳米技术不断发展，已经成为当今重要科技之一，很多企业和研究者都致力于使用纳米技术推动科技发展,提高生产力,纳米技术涉及多个专业的科技领域,很多教育研究者都在寻求培养纳米技术人才、提高其理论与实践等能力的方案。Hsiu-Ping Yueh, Horn-Jiunn Sheen, Tzy-Ling Chen, Feng-Kuang Chiang, Chin-Yu Chang 在 2009 年到 2010 年间为台湾设计了一个纳米技术人才发展综合教学模式(An Integrative Instructional Model for Talent Development of Nanotechnology in Taiwan),该综合教学模式从高校教育、工厂专业、实践和评价四个维度对纳米技术相关专业的学生进行教学,旨在提高未来能够胜任纳米技术岗位的人员数量。该研究通过采用基于设计的研究,收集学生的反馈,不断优化综合教学模式。首先,该研究团队在第一年咨询了纳米技术学科与工业的专家,并分析了纳米技术工业产品的趋势及应用,设计并开发了课程。课程参与者会在学习完成后进行考试评价并接受对课程满意度的调查。随后,研究团队根据参与者的反馈对教师教学、课程内容和学习环境进行修正。反复循环后,更加完善、连贯的教育与培训项目就产生了。学生对为期两年的课程评价显示,教学满意度从第一年的平均分 3.89 提升至第二年的平均分 4.11。从图 3-2 和表 3-4 中,我们可知纳米技术人才发展教育与培训项目的实施过程和课程调整。

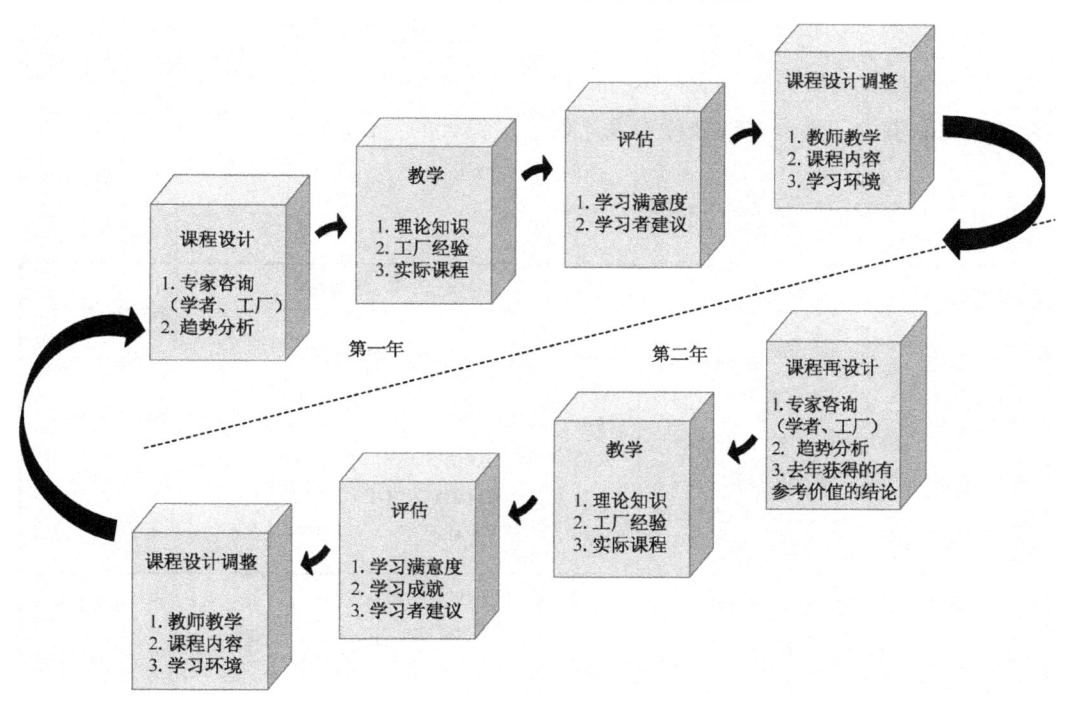

图 3-2 纳米技术人才发展教育与培训项目的 DBR 实施过程(Yueh, et al., 2011)

表 3-4 2009-2010 年课程的部分调整（Yueh et al., 2011）

年次 因素	第一年 参与者的建议	第一年 课程调整	第二年 参与者的建议	第二年 课程调整
教材	提供多媒体教材	提醒教师准备教学视频和工业案例	学习者希望看到实际的生产或演示	提供多媒体教材和实际的生产
课程内容	减少重复内容	减少重复内容	无建议	无调整
	学习更多的基本理论和应用技术	增加基本理论课程与应用技术	增加基本理论和应用技术的实践课程	增加某一特定主题的基本理论和应用技术的实践课程
教师教学	教师可以分享更多业界及其未来发展趋势的信息	三分之二的教师来自业界	分享更多业界及其未来发展趋势的信息	大学和工厂合作开展教学（一位教师来自大学，一位教师来自业界）
	建议在使用英语技术名词时再用中文解释，以便学习者更易理解	提醒教师使用英文解释专有名词	建议在使用英语技术名词时再用中文解释，以便学习者更易理解	收集一些专有名词并提醒教师进行解释
	增加课堂互动	促进和鼓励师生互动	无建议	无调整

该研究充分体现了研究者通过不断修正课程设计的过程来达到更优化的教学效果和课程结构。研究充实了设计本身，也为纳米技术的高端人才培养提供了可供参考的综合教学模式，为培养纳米技术人才做出了很大的尝试。

3.1.4 学习活动设计指引

时间分配	活动安排	活动说明
10min	1. 视频播放 2. DBR 讲解 主要目的： （1）导入 DBR 话题，了解大家先前关于 DBR 的知识储备 （2）以大家设计导读活动的经验为例，介绍 DBR	视频主要内容： 小组成员课前对班级同学进行随机采访和提问： 【关于 DBR】 （1）之前听过哪些做研究、写论文的研究方法？ （2）对基于设计的研究方法你了解多少？ （3）对于基于设计的研究，你能想到什么？
30min	课本 & 文献导读	1. 对课本相关内容进行重点导读； 2. 导读中对学生课前提出的问题进行讲解； 如：与行动研究、准实验研究方法对比，基于设计的研究方法的优势与局限

续表

时间分配	活动安排	活动说明
35min	发挥创意，设计 DBR 案例	1. 各小组选定使用 DBR 研究方法的研究主题，制定研究时间、研究内容、预期调整及最终成果的 DBR 案例； 2. 各小组分析过程中组内成员，观察并记录活动过程的进展情况，及时向同学们提供协助
15min	各小组汇报分析成果	其他小组同学倾听并提出建议，以进行完善
10min	导读小组总结	
20min	教师总结，强调重点	

参考文献

[1] 米切尔，察振扬（1987）．新社会学词典[M]．上海译文出版社．

[2] 焦建利（2008）．基于设计的研究：教育技术学研究的新取向[J]．现代教育技术，18（5）：5-11．

[3] 柯小华，李红波（2008）．试探析"基于设计的研究"的理论归属[J]．开放教育研究，14（4）：50-53．

[4] 任翔，田生湖，赵学敏（2010）．对教育技术学研究范式的思考——兼论教育技术学采用跨学科研究范式的必要性[J]．现代教育技术，20（11）：47-49．

[5] 任翔，田生湖（2012）．范式、研究范式与方法论——教育技术学学科的视角[J]．现代教育技术，22(1): 10-13．

[6] 托马斯·库恩，金吾伦，胡新和（2004）．科学革命的结构[J]．社会观察，(B07): 47-47．

[7] 张文兰，刘俊生（2007）．基于设计的研究——教育技术学研究的一种新范式[J]．电化教育研究，(10): 13-17．

[8] Anderson, T., Shattuck, J. (2012). Design-Based Research A Decade of Progress in Education Research [J]. *Educational Researcher*, 41(1): 16-25.

[9] Barab, S. (2006). *Design-Based Research: A Methodological Toolkit for the Learning Scientist*[M]. Cambridge University Press.

[10] Brown, A.L. (1992). Design experiments: Theoretical and methodological challenges in creating complex interventions in classroom settings[J]. *The Journal of the Learning Sciences*, 2(2): 141-178.

[11] Collins, A. (1992). *Toward a design science of education* (pp. 15-22)[M]. Springer Berlin Heidelberg.

[12] Collins, A. (1999). The changing infrastructure of education research[J]. *Issues in Education Research*, 289-198.

[13] Yueh, H.P., Sheen, H. J., Chen, T.L., Chiang, F. K., & Chang, C.Y. (2011). An Integrative Instructional Model for Talent Development of Nanotechnology in Taiwan[S].

[14] *International Journal of Technology and Engineering Education*, 8(2): 1-12.

3.2 变项中的比较（Comparison Studies）

3.2.1 比较研究

"要想认识自己，就要将自己同别人进行比较。"

——古罗马学者 普布利乌斯·科尔奈利乌斯·塔西佗

认识一个事物常需要借助于与其他事物比较来实现。比较是人类认识、区别和确定事物异同关系最常用的思维方法。在实际生活与工作中，比较是认识事物本质最基本也是最重要的方法之一。在科学研究的各个领域，比较研究法已被广泛运用。

《牛津高级英汉双解辞典》（霍恩比，1997）解释说：比较研究法就是对物与物之间、人与人之间的相似性或相异程度研究与判断的方法。

我国林聚任、刘玉安主编的《社会科学研究方法》认为：比较研究方法，是指对两个或两个以上的事物或对象加以对比，找出它们之间的相似性与差异性的一种分析方法。

1. 历史发展

最初使用比较研究的是古希腊哲学家、科学家和教育家亚里士多德，他在其所著的《雅典政制》中运用比较研究比较了 158 个城邦政制宪法。首先，在教育中使用比较研究的是古希腊历史学家色诺芬关，他对希腊和波斯教育进行了描述（王承续，2003）。意大利旅行家马可·波罗在其撰写的《马可·波罗游记》中对东方教育的情况进行了较为详细的介绍。19 世纪，研究者发现国家的教育出现问题，于是他们通过实地考察，搜集资料和以描述为主进行简单的对比，从而借鉴他国教育的长处来解释本国教育的外在现象，但很少探究问题本身的内在原因。20 世纪初，一些国家在人才培养方面显露出不足，教育很难适应社会发展的需要，因此，不少国家开始研究影响教育发展的各个因素，通过比较了解症结所在。20 世纪 60 年代后，比较研究运用社会科学的、准自然科学的手段，通过使用定性定量资料深入分析教育结构，从而确定各种因素在教育发展中所起的作用（杨柳，2010）。

2. 分类

根据不同维度，比较教育可以进行以下分类（李秉德，2001）：

（1）按时空区别，可分为横向比较与纵向比较

横向比较是对空间上同时并存的事物的既定形态进行比较，例如，教育实验中实验组与对照组的比较，同一时间各国教育制度的比较等。纵向比较就是时间上的比较，如比较同一事物在不同时期的形态，从而认识事物的发展变化过程，揭示事物的发展规律。在教育科学研究中，对一些比较复杂的问题，往往会将纵向比较与横向比较综合运用，来更加全面地把握事物的本质及其发展规律。

（2）按目标指向，可分成相同比较和相异比较

相同比较是指寻求不同事物的共同点以寻求事物发展的共同规律。相异比较是比较两个事物的不同属性，进而说明两个事物的不同之处，来发现事物发生发展的特殊性。通过对事物的"相同"、"相异"比较，事物发展的多样性与统一性就能更好地得到认识。

（3）按比较性质，可分成定性比较与定量比较

事物都是质与量的统一。这里所指的定性比较就是通过对事物间本质属性的比较来确定事物的性质。定量比较是对事物属性进行量的分析以准确地把握事物的变化。通过将定性分析与定量分析相结合，能够更加全面地解释和深入挖掘教育科学研究中的现象。

3. 步骤

在比较研究中，需要明确比较对象、比较方法、比较标准、比较目的、比较内容等，为了更加直观方便地执行比较研究，众多学者提出了比较研究方法的步骤。其中，国内学者刘忠政将比较研究分为五个步骤，具体内容见图3-3。

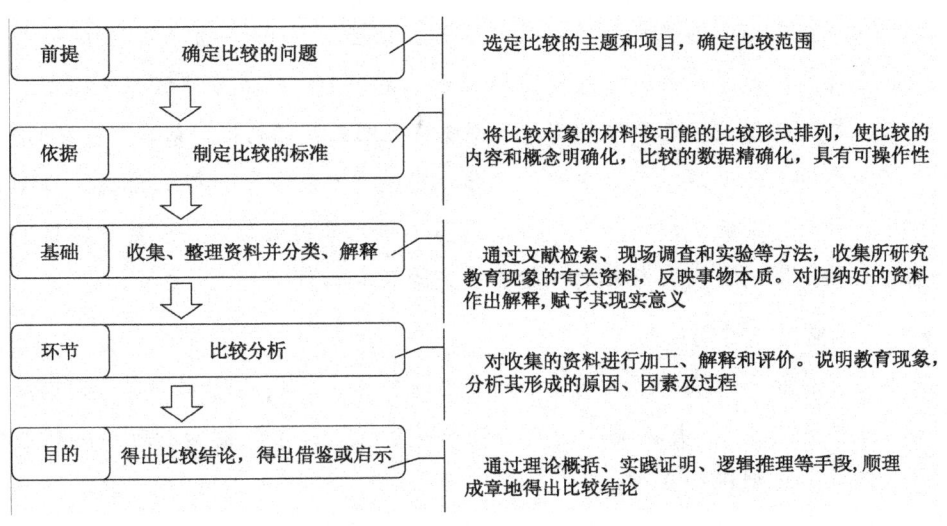

阶段	步骤	说明
前提	确定比较的问题	选定比较的主题和项目，确定比较范围
依据	制定比较的标准	将比较对象的材料按可能的比较形式排列，使比较的内容和概念明确化，比较的数据精确化，具有可操作性
基础	收集、整理资料并分类、解释	通过文献检索、现场调查和实验等方法，收集所研究教育现象的有关资料，反映事物本质。对归纳好的资料作出解释，赋予其现实意义
环节	比较分析	对收集的资料进行加工、解释和评价。说明教育现象，分析其形成的原因、因素及过程
目的	得出比较结论，得出借鉴或启示	通过理论概括、实践证明、逻辑推理等手段，顺理成章地得出比较结论

图3-3 比较研究的步骤（刘忠政，2008）

3.2.2 准实验研究（Qusi-Experimental Method）

我们将比较教育聚焦于教育实验中的变量，即教育中的准实验研究方法。准实验研究是指在不必随机安排被试时，运用原始社群，在相对自然的情况下进行实验处理的研究方法（穆肃，2001）。

准实验研究对无关变量的控制程度介于真实验研究与非实验研究的中间。在教育情境中，由于不易对被试进行随机抽样，控制组与对照组之间的无关差异无法控制，所以常常采用准实验研究的方法进行科学研究。最常采用的准实验设计有四种：（1）不相等控制组设计；（2）相等时间样本设计；（3）对抗平衡设计；（4）时间系列设计。自然群组的被试、不能与现实环境脱离的处理因素、较高的外部效度和实验的准控制（如实验变量、实验对象、实验教师和实验投入）都是准实验研究的特点。而在教育研究中常用的准实验研究方法有：单组前后测、单组前后测时间序列、多组前后测、多组前后测时间序列等，具体见表3-5。

- 单组前后测

对单一实验组，在实验干预前、后分别进行测试，以前测作为实验组的基线数据，比较前测与后测之间差异的显著性，并据此判断实验处理是否有效。单组前后测准实验研究数据常采用相关样本 t-检验进行分析。

当研究样本较少，或条件受限（只可处理一组）时，可采取单组前后测实验研究方法。该方法由相同的被试接受前、后测，控制了前、后测成绩之间由于被试不同可能产生的误差。若前、后测成绩差异统计意义上显著，可在一定程度上判断此差异是由实验的干预所引起的。该方法的局限性在于：第一，没有排除被试在这段时间内自身的成长、成熟或相关历史事件对前、后测成绩之间差异的影响。第二，前测的内容、形式可能会影响后测的成绩。如采取同一张试卷前、后对同一批被试施测，后测成绩一般都会显著大于前测成绩。若前、后测采用不同题目的试卷，又为整个实验增加了一个无关变量。因此，前、后测的测验中我们通常会打乱问题次序。

- 单组前后测时间序列

对单一实验组，在实验干预前、后进行多次测量，比较实验干预前、后测量结果的差异（或变化趋势），并据此判断实验处理是否有效。单组前后测时间序列数据常常需要采用回归模型进行分析。

单组前后测时间序列设计较好地控制了被试自身成长因素的影响，并且多次测验得到一系列的结果，避免了仅仅进行一次测验可能出现的误差波动。该方法的局限性在于，多次施测操作的复杂性以及测验次数对被试成绩的影响。

- 多组前后测

在单组前后测的基础上，增加了控制组，对实验组进行试验干预，控制组不进行试验干预，记录实验组和控制组前、后测成绩，比较实验组和控制组成绩差值的（实验组后测成绩减去实验组前测成绩，控制组后测成绩减去控制组前测成绩）的显著性，并据此判断实验处理是否有效。多组前后测研究数据常采用独立样本 t-检验进行分析。

该方法增加了控制组，控制了被试自身成长与相关历史事件等多种无关因素对实验的影响。但本方法使用了前测，为解释两组被试初始状态的差异提供依据，但是对后测可能产生影响，从而影响了实验效度。

- 多组前后测时间序列

在单组前后测时间序列的基础上，增加了控制组，在实验干预前后，对两组被试进行多次测量，比较实验干预前、后两组测量结果的差异（或变化趋势），并据此判断实验处理是否有效。多组前后测时间序列显著性检验方法较为复杂，若有需要，建议查询相关统计类书籍，一般多涉及独立样本 t-检验、独立样本 z-检验和回归模型分析等。在单组前后测时间序列的基础上，更好地控制了相关历史事件、被试自身成长等无关因素的干扰，但同样有施测操作复杂性与测验次数对成绩干扰的局限。

表 3-5　常用的准实验研究方法（整理自陈俊浩，顾容，李春霞，2009）

		前测	处理	后测
单组前后测	实验组	O_1	X	O_2
		前测	处理	后测
单组前后测时间序列	实验组	O_1 O_2 O_3 O_4	X	O_5 O_6 O_7 O_8
		前测	处理	后测
多组前后测	实验组	O_1	X	O_2
	控制组	O_1		O_2
		前测	处理	后测
多组前后测时间序列	实验组	O_1 O_2 O_3 O_4	X	O_5 O_6 O_7 O_8
	控制组	O_1 O_2 O_3 O_4		O_5 O_6 O_7 O_8

3.2.3 相关案例

《使用概念图促进基于协作仿真的探究学习》(Using Concept Maps to Facilitate Collaborative Simulation-Based Inquiry Learning)一文中(Hannie Gijlers & Ton de Jong, 2013),探究了大专院校学生在协作式仿真情境中共同完成概念图的任务。研究分为实验组与控制组,两组学生都置于相同学习环境下,但实验组的 12 对学生使用基于计算机的协作式概念图的方式进行学习,控制组的 13 对学生则不使用概念图。在学习过程中,学生与成员、仿真设备之间的互动都被记录下来。对学习的评价是通过直观的、结构性的知识测试和命题测试来开展,测试结果显示:概念图实验组的成员关于实验的交流更频繁,解释和得出的结论更易达成共识,使用回归分析的方法分析收集的数据,揭示了实验组对直观的、结构性的知识掌握得比控制组更好。这样的结果表明:概念图对影响共识、建构活动和在合作探究性学习环境中学习起了积极作用,因此,在小组合作过程中可以使用概念图作为脚手架提供学习支持。

在该研究中,作者将使用概念图进行合作学习的一组作为实验组,再将实验组与控制组作为对比进行研究。在学习过程中,研究者收集了如直观知识、命题知识和结构性知识等前后测分数的均值和方差,来直观展示学习前、后的变化及实验组与控制组的差距。印证了概念图工具可以促进高质量互动的产生进而促进学习(Roth & Roychoudhury, 1993)。

3.2.4 学习活动设计指引

时间分配	活动安排	活动说明
5min	导入	生活中的比较及启示
30min	课本 & 文献导读	1. 对课本相关内容进行重点导读; 2. 对英文文献进行导读; 3. 导读中对学生课前提出的问题进行讲解
25min	阅读文献,使用概念图梳理文献	1. 各小组自选一篇准实验研究文献,用概念图的方式梳理文献中的对照组、研究变量、研究设计、数据分析、研究结果; 2. 各小组组内成员观察并记录活动过程的进展情况,并及时向同学们提供协助
15min	各小组汇报分析成果	其他小组同学倾听,对话讨论必读文献
30min	各小组确定并分享小组内部研究主题	小组讨论,初步确定或优化本学期的研究选题,并通过概念图的形式将思路可视化,汇报内容包括:对照组、研究变量、研究设计、数据分析、研究结果

续表

时间分配	活动安排	活动说明
15min	教师对每组的初步构想进行点评，并对课堂进行总结，强调重点	

参考文献

[1] 陈俊浩, 顾容, 李春霞（2009）. 准实验研究在教育技术领域的应用[J]. 现代教育技术, (12): 31-34.

[2] 霍恩比（1997）. 牛津高阶英汉双解词典.

[3] 李秉德（2001）. 教育科学研究方法[M]. 人民教育出版社，104-109.

[4] 林聚任, 刘玉安（2008）. 社会科学研究方法[M]. 山东人民出版社.

[5] 刘忠政（2008）. 论教育比较研究法[N]. 海南大学学报：人文社会科学版, 26(1): 112-117.

[6] 穆肃（2001）. 准实验研究及其设计方法[J]. 中国电化教育，179(12): 13-16.

[7] 王承绪（2003）. 比较教育学史[M]. 人民教育出版社.

[8] 杨柳（2010）. 比较研究法浅析[N]. 黑龙江教育学院学报, (6): 64-65.

[9] Gijlers,H., de Jong,T. (2013). Using concept maps to facilitate collaborative simulation-based inquiry learning [J]. *Journal of the Learning Sciences*, 22(3): 340-374.

[10] Roth,W. M., Roychoudhury,A. (1993). The development of science process skills in authentic contexts [J]. *Journal of Research in Science Teaching*, 30(2): 127-152.

3.3 民族志研究（Ethnographic Methods）

3.3.1 民族志研究法

1. 民族志简介

民族志（Ethnography）也称为人种志，是针对一个人类团体，包括其机构、人际行为、物质产物以及信仰进行描述的艺术与科学（Angrosino，2010）。民族志具有两层含义：一是指人类学家进入田野收集资料的过程及使用的调查技术与方法；二是指对收集到的资料进行分析归纳后呈现的文本形式（袁同凯，2013）。本章主要介绍民族志研究方法。

人类文化学家 Geertz（2008）概括了民族志的四个特点：第一是历史观。人类学家重视历史，认为只有把过去、现在和未来联系在一起，它们才具有意义。第二是情境观。人类学的基本观点之一：如果思想和行为脱离了所处的情境，就无法正确地理解它们。第三是过程观。组织需要其成员互相不断协商、互动以完成目标工作，关注组织生活中正式和非正式之间的交互作用，因此过程显得更为重要。人类学者通常在研究中更偏重组织中非正式的一面。第四是以"行动者为中心"。人类学的中心任务是"再现"（Represent）他人的生活，特别是从"当地人的观点"角度去理解当地人的感受，关注当地人如何看待自己的生活世界。因此民族志研究是解释性的，它所解释的是社会性会话流（The Flow of Social Discourse），所涉及的解释在于将这种会话"所说过的"从即将逝去的时间中解救出来，并以可供阅读的术语固定下来；它是微观的，"微观"并不是没有对社会、文明等作大规模解释，而是因为"我们把分析及理论含义扩展到更大情景中才使他们受到普遍关注，从而证明我们对它的建构"。与定量研究把每一个变项视为独立的内容不同，民族志强调"整体观"（Holistic），即努力聚焦于某种社会或文化，尽可能描绘其全貌。

2. 研究方法

田野调查是所有民族志设计中最具代表性的一环，其最重要的是身临其境地去观察，在自然情境中通过观察、访谈等方法进行资料收集和记录。这种最接近自然的取向避免了典型实验室控制下的人为反应（Fetterman，2013）。Fetterman（2013）用以

下例子说明田野观察的优点在于"对资料数据提供常识性的观点":

"我有一份来自南部乡间学校的资料,该地区学校有着极低的学术表现,但学生出席率高。这和我对城市地区学校研究的直观经验刚好相反。在以往的经验中,通常成绩差的学生常常翘课或者迟到。然而当我亲身到这间学校,看着学校附近的棉花、玉米以及大豆田时,一切逐渐变得明朗,我相信这数据是合理的。因为,除了去上学,这里并没有其他事情可以做,去学校成了当地学生唯一的社交活动,就像当地一位学生说的:'这(上学)总比一个人坐在田里面好多了。'"

民族志最常用的方法是观察（Observation）、参与观察（Particiant Observation）、深度访谈（In-depth Interviewing）、谱系法（The Genealogical Method）以及个人生活史（Life Histories）等。如 Berreman（1968）所言："民族志工作者要尽可能在不同场合与被研究者接触,比如与他们交谈、劳作,参与他们的社会活动和仪式,走访他们的家庭等,从而了解他们。还应时刻关注发生在他们身边的一切事情,尽可能地去了解那些不曾预料的或者看似无法解释的事件或事情。观察包括广泛观察、焦点观察、选择性地观察等,观察的层次应从行动、事件到历史背景。"

需要注意的是,观察行为时不能改变情境,即田野工作要自然地展开,而不能有意识地设计,调查者不能影响或干预被研究对象的行为,也不能影响信息提供者的表述。调查者要从系统的视角来观察他们的互动,通过发现所研究对象的一致性来挖掘意义（Liu, 2000）。因此,民族志研究方法是归纳的（Inductive）,其进行的方式是运用不断累积的描述性细节,以建立概括性的类型或解释性理论,而非建构用以验证根据现存理论或模式所推出的假设（Angrosino, 2010）。

3. 研究报告的撰写

研究报告是民族志研究者在进行长期观察和记录后对素材的整理和呈现,民族志报告首先应有开场白,然后要设定场景,描述研究背景及资料归集;再进行分析,分析时研究者将描述性细节汇整为一套社会或文化类型,并与其他类似族群的研究连起来;最后是结论,总结要点并说明该研究对更广泛的知识总体的贡献（Angrosino, 2010）。

深度描写和逐字地引用话语是民族志田野记录、报告、论文和书籍最明显的特质,目的是如传达所观察事件、实情一样地传达感觉（Fetterman, 2009）。"深描"（Thick

Description）是文化人类学的一个重要概念，是对文化现象的详尽描述，呈现如细节、背景等，以求将研究者在现场的观察结果与体验过程直接而真实地描述出来，以求对文化现象背后的文化规律做出合理解释（王鉴，2008）。

3.3.2 教育民族志

教育民族志（Ethnography in Education 或 Educational Ethnography）是教育研究者对"民族志"这一研究方法的跨学科应用，指的是为描述教育的情境及生产理论以评估教育方案，并提供丰富的教育情境描述资料（LeCompte, Preissle & Tesch, 1993），其系统研究始于20世纪60年代。教育过程可以被看作是人类为阐释和改造世界而获取、传承和生产知识的独特方式，教育民族志研究着重于对社会文化情景的探究，重视教育发生的社会或社区，根据情景来定义教育问题（袁同凯，2013）。

教育民族志除具有一般意义上民族志的特点之外，还有其独特性，比如研究对象的特殊性。学校是一个"简化的"、"净化的"、"平衡"的小社会，与一般的社会有很大区别，这决定了该"社会"的成员及其相互关系拥有自己独特的文化特征（沈丽萍，2004）。

3.3.3 相关案例

1. 案例一：《走进竹篱教室——土瑶学校教育的民族志研究》

这本书是一份教育人类学民族志研究报告，作者对少数民族瑶族做了详细的教育人类学的民族志记录和描述，将这个民族的儿童学业成败状况和盘托出，介绍给世人，并在已有学校教育的民族志研究的基础上，依据新事实、新发现构建了新理论。

研究目的：考察偏远山区少数民族的学校教育状况，了解学校之外的社会政治、经济和文化背景对学校教育的影响。

研究方法：参与观察法。以学校民族志的研究方法为主，辅之以文献资料收集。

报告叙述结构：

引言　　研究主题与理论方法

第一章　土瑶社区概述：民族志的视角

第二章　土瑶的学校教育：过去与现状

第三章　传统文化与学校教育

第四章　地方政治、弱势族群与学校教育
第五章　官方话语与地方性解释：不同的视角
第六章　回应与对话：理论的反思
第七章　结论：问题与思考

来源：袁同凯（2004）. 走进竹篱教室——土瑶学校教育的民族志研究[M]. 天津：天津人民出版社.

2. 案例二：《三种文化的幼儿园：日本、中国和美国》
（Pre-school in Three Cultures: Japan, China, and the United States）

20世纪80年代后，教育人类学者开始尝试把泛文化研究法和民族志研究法结合运用，代表论著便是Joseph Tobin、David Wu 和 Dana Davision合著的这本书。他们的研究主要探讨了不同文化下三个国家实施幼儿教育的差异性。为了避免观察和分析流于简单的黑白对比，研究者选择三个国家进行比较研究，以更能显示错综复杂的比较关系。

他们非常重视境遇的研究，对当时的时间、空间条件以及社会阶层都有详尽的说明。比如当时日本处于经济腾飞期，幼儿园教育的重点是使其成为集体一员（服务于商业社会对劳动力的早期培养）。中国则处于"独生子女"刚实施不久的时候，教师管教的程度更甚（以纠正孩子在家中养成的不良习惯）等。

除了在诠释的角度上兼顾局内人与局外人的解释与看法外，在研究方法上主要采取由三个小组分别到三个文化现场去录影记录，再将剪辑过的影带拿给局内人来看，听取他们对事件及行动所赋予的意义。比如在拍摄幼儿园教师工作的过程后，再请他们自己去观看录像并解释在处理日常工作中的想法和做法。

来源：Tobin, J. J., Davidson, D. H. (1991). *Preschool in three cultures: Japan, China, and the United States*[M]. Yale University Press.
张虹，薛烨（2010）. 三种文化中的幼儿园——对美国亚利桑那州立大学约瑟夫·托宾教授、美国孟菲斯大学薛烨教授的访谈[J]. 幼儿教育，30:1-6.

3. 案例三：《实验室生活：科学事实的建构过程》

科学家如何工作？他们如何"发现"科学事实？为试图回答这些问题，作者深入到美国的一个神经内分泌学实验室并与那里的教授共度了两年时光，对科学家进行观察，看他们如何选择课题和申请基金，如何从事研究和发表论文，如何评级评奖，等等。作者以自然主义的方式研究科学，尤其探讨了科学的社会制约因素，触及人性、社会、理性和知识这些更大的问题，从一个全新的视角对科学事实的建构做了独特的诠释。他们的研究目的是走近科学，绕过科学家们的说法去熟悉事实的产生，用一种不属于分析语言的元语言来分析研究者所做的事。将人文科学常用的义务论用于科学：使自己熟悉一个领域，并保持独立和距离。

传统的人类文化学研究多关注少数民族区域、边缘社会阶层等，对城市环境、工程师等群体却缺乏关注。本书对科学家的工作进行直接观察，介绍实验室机构的建立情况，通过对具体案例的分析解释事实建构的微观过程，并分析群体结构、个体特征等，评价生产的可信性。在记录的时候，有些章节假设"观察者"是个虚拟人物，以便提醒人们注意为编撰报告经历的过程。在数据收集与整理时，则经历了从无序到有序、不断反思说服的过程。

来源：布鲁诺·拉图尔，史蒂夫·伍尔加（2004）．实验室生活：科学事实的建构过程（张伯霖、刁小英）[M]．北京：东方出版社。

3.3.4 学习活动设计指引

时间分配	活动安排	活动说明
9min	视频案例观看（3min30s） 讨论（5min） （注：《小人国》是一部纪录电影，摄制组从2006～2008年真实拍摄了北京郊区一所名为巴学园的幼儿园，记录了一群2～6岁孩子的真实生活）	（1）播放视频：纪录片《小人国》宣传片 http://v.ifeng.com/ent/movie/201106/c965e5ec-48a0-4e80-b9f0-375363fd9eb7.shtml （2）询问大家对民族志研究方法的了解程度： 你听说过民族志研究吗？你了解过人类学吗？ 提到民族志研究，你能想到哪些相关信息（关键词）？ 从这个视频中你能看出什么？
20min	以小组为单位分析案例，辅助记录表，总结民族志研究方法的特点	（1）每个小组提供2～4篇分析案例：典型的使用民族志研究方法的研究报告； （2）提供分析表，可包含如下维度： 研究目标的共同点、研究设计的特点、研究工具、民族志研究方法的优缺点
20min	小组汇报	每组派代表汇报自己小组对民族志研究方法的理解
20min	教师讲解	针对小组汇报做补充
课下	选题，做研究设计或小型民族志方法研究	选择一个自己感兴趣的、用民族志研究方法研究的问题，写出一份研究设计，时间不足可课下完成，与老师、同学交流

参考文献

[1] Angrosino，M (2010). 民族志与观察研究法（张可婷）[M]. 新北：韦伯文化国际出版. （原著于 2007 出版）

[2] Fetterman, D. M. (Ed.) (2013). 民族志学（第三版）（赖文福）[M]. 新北：扬智文化事业股份有限公司. （原著于 2009 年出版）

[3] Geertz, C. (2008). 文化的解释（韩莉）[M]. 南京：译林出版社. （原著于 1973 出版）

[4] Latour, B., & Woolgar, S. (2004). 实验室生活：科学事实的建构过程（张伯霖、刁小英）[M]. 北京：东方出版社. （原著于 1988 出版）

[5] 沈丽萍（2004）. 教育人种志历史初探[D]. 华东师范大学教育科学学院硕士学位论文.

[6] 王鉴（2008）. 教育民族志研究的理论与方法[J]. 民族研究，(02): 12-20.

[7] 袁同凯（2013）. 教育人类学简论[M]. 天津：南开大学出版社.

[8] 袁同凯（2004）. 走进竹篱教室——土瑶学校教育的民族志研究[M]. 天津：天津人民出版社.

[9] 张虹，薛烨（2010）. 三种文化中的幼儿园——对美国亚利桑那州立大学约瑟夫·托宾教授、美国孟菲斯大学薛烨教授的访谈[J]. 幼儿教育，30:1-6.

[10] Berreman, G. D. (1968). Ethnography: Method and product[C]. Introduction to Cultural Anthropology: Essay in the Scope and Methods of the Science of Man, Houghton Miffin, Boston, Ma.

[11] LeCompte, M.D., Preissle,J., & Tesch, R. (1993). *Ethnography and qualitative design in educational research* [M]. San Diego, CA: Academic Press.

[12] Liu, J., Ross, H.A., & Kelly, D.P. (Eds.). (2000). *The ethnographic eye: Interpretive studies of education in China* (Vol. 922)[M]. Taylor & Francis.

[13] Tobin, J.J., Davidson, D.H. (1991). *Preschool in three cultures: Japan, China, and the United States* [M]. Yale University Press.

Part 4

教学与评价

Teaching and Assessment

4.1 新的学习目标（New Kinds of Student Learning Goals）

4.1.1 21世纪学习技能、21世纪学生素质教育

"21世纪技能"是美国为了应对新世纪挑战而提出的教育改革的新思想（张义兵，2012）。早在20世纪90年代，一些国家和国际教育组织就开始讨论21世纪所必备的技能。随着我们生活的世界一直在发生巨变，21世纪技能的重要性更加凸显。2002年，美国在联邦教育部的主持下成立了"21世纪技能合作委员会（Partnership For 21st Century Skills）"（以下简称P21），该组织将21世纪应具备的技能进行整合，制定了《21世纪技能框架》（以下简称《框架》）（靳昕，蔡敏，2011）。《框架》全面、清晰地将各种技能以及它们之间的关系呈现出来，如图4-1所示"21世纪技能"包括两部分内容；一部分是"彩虹"部分的学生学业成果方面的内容，另一部分是"底座"部分的支持系统。

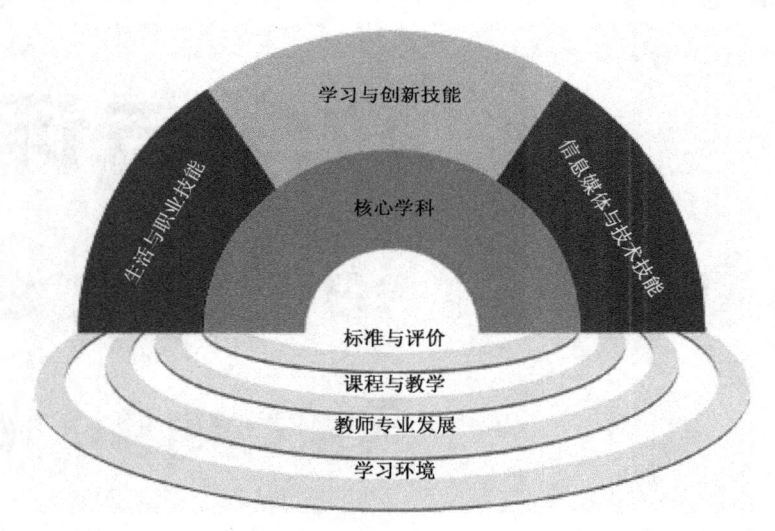

图 4-1 21世纪技能框架

"21世纪技能"代表着当今美国教育改革的最新思路与发展走向，整合了21世纪社会与人的发展的需求，即：学生们在21世纪成功地工作和生活所需要掌握的技能、知识和专长。21世纪技能合作委员会制定的《21世纪技能框架》中指出，21世纪的教育必须建立在坚实的学科知识基础之上，教师应在核心学科的教学过程中培养学生的"21世纪技能"，并将21世纪技能分为三大类：学习与创新技能、信息媒体与技术

技能、生活与职业技能，每类技能又由几种具体素养共同组成（Trilling & Fadel, 2009）；表 4-1 分别说明与诠释了各个技能。

表 4-1　21 世纪技能与具体素养

21 世纪技能三大类	具体素养
学习与创新技能	1. 批判性思维与问题解决能力，即专家思考能力，具体包括以下四个方面： • 有效推理 　即能够根据形势恰当地运用各类推理手段，如归纳，演绎等 • 系统思维 　在面对复杂系统时，可以分析整体中各个部分彼此有何关联 • 明智的判断与决策 　要求学生能有效地分析和评估证据、主张、生命和信仰； 　分析和评估标新立异的主流观点； 　继承信息和论据，并建立联系； 　根据最合理的分析解释信息，得出结论 • 问题解决 　综合运用传统和非传统的方式解决不同类型的陌生问题； 　形成并提出能澄清各种观点、导出最佳解决方案的重要问题 2. 创造性和创新能力，即运用想象和发明的能力，包括以下三个方面： • 创造性思维 　能够运用广泛的观点创新技术（如头脑风暴法）； 　能够创设新的有价值的观点，可延伸或者可引申出新观点的思想； 　能够提炼、分析、深化和评估自己的观点，以推进和增加创造的成果 • 创造性地与人工作 　针对别人高效地提出和传递新思想； 　在工作中体现出原创能力与发明能力，理解现实世界对新想法的局限性； 　善于在工作中贯彻集体的看法和反馈意见 • 贯彻新措施 　在对创造性思想付诸行动中，为可能出现新成果的领域做出切实有用的贡献 3. 交流与合作能力，即学生的复杂交流能力，由两方面组成： • 清晰地交流 　在各种场合和环境中，都能善于运用口头、书面和非语言交流机能有效地表达观点； 　高效倾听以解读有意义的东西，如学识、价值观、态度、企图； 　交流技能能用于实现各种目的，如通知、教导、激励和说服； 　能运用多媒体手段和技术，在各种环境中交流 • 与他人合作 　与不同团队有效工作及相互尊重的能力； 　在实现某个共同目标时愿意做出必要的让步； 　在团队中勇于承担责任，尊重每个团队成员的贡献

续表

21世纪技能三大类	具体素养
信息媒体与技术技能	1. 信息素养 • 获取和评估信息 　能够及时且善于获取信息，即知道获取什么时候的信息，在哪些资源上获取信息，能够用批判的眼光评估信息 • 使用和管理信息 　能够准确并创造性地利用信息解决手边的难题或疑问； 　能够通过广泛的渠道管理信息流，并对围绕访问和利用信息产生的道德和法律问题有基本的认识 2. 媒体素养 • 分析媒体 　既明白媒体资讯形成的方式和原因，也了解媒体资讯的目的； 　能够分析不同的人对同一咨询的不同解释，以及媒体如何影响人的信念和行为； 　对媒体的使用产生的道德和法律问题有基本认识 • 创造媒体产品 　能够理解和使用最适当的媒介制作工具、特色产品等； 　在多样化、多元化文化环境中，理解并有效应用表达与诠释 3. ICT（信息、通信与技术）素养 • 高效地运用技术手段 　能够将技术作为一种工具； 　合理地运用数字化技术； 　对围绕信息技术的访问和使用产生的道德或法律问题有基本认识
生活与职业技能	1. 灵活性与适应性，即学生能够适应变化和灵活机动 • 适应变化 　能够适应各种角色、岗位、安排及各种场合； 　在任务优先程度不明确或不断变化的条件下高效工作 • 灵活机动 　积极地面对表扬、挫折和批评，并能有效吸收别人的意见； 　能理解、平衡各种意见和看法，以得到切实可行的解决方案 2. 主动性和自主性，即学生能否做到管理目标和时间、独立工作、自我把关 • 管理目标和时间 　为实现目标，运用各种方式确立成功标准； 　能够在短期目标和长期目标之间把握平衡 • 独立工作 　不需监督而能够自我监控、界定任务，并能确定优先顺序，完成任务 • 成为自主的学习者 　不满足对技能与课程的基本掌握，主动探索与扩展自己的学习与机会； 　积极进取，不断提高自己的专业技能水平；

续表

21世纪技能三大类	具体素养
生活与职业技能	把学习当作一个终身过程； 批判性地反思过去的经验，以求未来更好的发展 3. 社交与跨文化交流能力，包含能够成熟地与人交流和在尊重差异中高效工作两方面 • 成熟地与他人交流 　掌握倾听与发言的时机； 　行为举止大方、得体 • 在尊重差异中高效工作 　能够与不同文化背景、社会背景的人和谐共处； 　对不同的观点和价值观持包容态度； 　能够利用文化和社会差异创立新的观点，并提高自身的工作水平 4. 生产能力与绩效能力，包括管理项目和富有成果两方面 • 管理项目 　即便在困难和压力下也能实现指定的目标； 　能够区分工作的优先顺序，计划和管理工作 • 富有成果 　产出高质量成果的同时，展现另外的贡献，包括如下能力： 　符合伦理地、积极地工作； 　有效地管理时间与项目； 　积极参与，并承担多重任务； 　用恰当的礼仪表现自己； 　与团队有效地协作与合作； 　对结果负责 5. 领导力与责任感，指学生能够做到指导与领导他人，对他人负责 • 指导与领导他人 　使用人际交往、问题解决技能指导他人去达成目标； 　调动他人力量实现共同目标； 　通过榜样和自己的无私，激励他人达到最好； 　在使用影响力与权力中，展现正直与合乎伦理的行为 • 对他人负责 　为人处世要充分考虑更大集体的利益

4.1.2 能力如何培养、素质如何养成

面对日新月异的变化，P21《框架》列出了21世纪的学生必须具备的技能与素养，如何培养学生的这些能力与素养，成为我们的当务之急。基于项目的学习是当前美国中小学广泛采用的一种教学方法，也是被公认的最有效的反映素质教育的方式之一。

首先，选定项目。PBL 的项目来源于现实生活，组员们对提出的各种问题和观点进行共同探讨，选取有价值的问题，以此来确定研究项目。在此过程中，他们会使用头脑风暴、查阅文献、实地调查等方法进行创新思考，这个过程是发挥学习者的想象力、刺激学生的创新能力、调动学生追求成功的动机的过程。

周密和细致的规划对项目的进行至关重要。在制订计划中，学生需要从全局的视角进行系统地思考，对计划开展有效的分析、综合及评估，以便更好地做出决定，实践创造性的理念。例如，他们需要通过目标设置、日程安排等来实现对 PBL 进程的自我监控，从而学会管理时间、高效工作。在此过程中，锻炼学生的批判性思维能力、创新能力，充分发挥学生的自主性，从而实现自我指导。

学生在根据计划完成项目的过程中，会遇到很多实际问题，在解决问题的过程中，他们需要共同讨论。在讨论中，锻炼了每位组员倾听的能力，学会有效解读他人观点，为有效的沟通奠定基础。在不断沟通中促进组员的良性互动，灵活实现目标，提高学生的团队协作能力。通过此过程学生学会尊重每个人的努力，学会和不同背景的成员一起工作，更加包容地回应不同的观点。在项目的不断探究过程中，学生要利用各种认知工具和信息资源有效地获取、整合、评估和管理信息，在获取、整理信息的过程中，要学会区分可靠与不可靠的信息。

学生运用在项目过程中所获得的知识和技能来完成最后的作品。在完成项目的过程中，学生要积极地适应不同的角色、职责和环境，既要能独立完成分配的任务，又要适时融入团体，通过不断的协商、探索寻求更好的解决方案。学生们学会了主动、灵活地适应环境，懂得承担责任，掌握了职业和生活技能，这也为学生进入课堂外的世界做好了准备。在项目学习过程中，21 世纪技能的培养和训练贯穿于 PBL 的整个过程，每个过程都会用到多种技能，只是每个阶段的主要任务不同，某个或某些技能的培养在该阶段更为突出（高源，2012）。

值得提出的是，P21 给出的《21 世纪技能框架》中，不但列出了 21 世纪必须具备的技能，其"底座"的支持系统也给出了培养"21 世纪技能"的支持策略。要培养学生具备 21 世纪技能，就需要在给定的标准下，改变传统单一的评价形式，对学生采取多种评价形式，鼓励学生多元发展。不仅是物质和空间，也包括在精神上，要建立一种积极、乐观的教育氛围，同时要不断促进教师的专业发展，给教师指明方向，让教师能够抓住时机将"21 世纪技能"的教学策略融入教学。这也是技能培养的过程中不可忽视的重要部分。

4.1.3 相关案例

1. 案例一：RxeSEARCH：模拟现实，促进技能的真正提升

RxeSEARCH 是由美国科学研究中心（National Science Resources Center）、普林斯顿大学（Princeton University）和百时美施贵宝公司（Bristol-Myers Squibb）联合开发的一项针对中学生和社区大学学生的课程项目，目的是促进学生和教师对医药行业的真正理解，即药物是如何被研究和生产出来的。RxeSEARCH 打破学科间的壁垒，以批判性思维和问题解决技能、资源统筹技能和团队合作技能等为培养核心，在药学研究和药物研制过程中，融入生物、化学、数学、社会研究、语言艺术等核心，使学生在基于现实的案例研究和实验室操作中掌握问题解决、批判性思维、交流与合作、决策等各种技能。

RxeSEARCH 课程共 11 节，参与者有高中生，也有教师。参与者将研究一种虚拟的流行病，齐心协力研制出新的治疗药物和治疗方法。他们需要完成从最初的临床试验的研究和发现，到药物制作工序，到最后推向市场等流程，通过这一系列运作流程，更深入地了解医药行业。在整个过程中，需要用到生物、化学、数学、社会研究、语言艺术等知识。

2. 案例二：Arizona 水资源管理的教育项目（见图 4-2）

图 4-2 Arizona 水资源管理的教育项目
（https://arizonawet.arizona.edu/about_apw/apw_programs）

4.1.4 相关案例与评析

美国 Arizona 水资源管理的教育项目（https://arizonawet.arizona.edu/about_apw/apw_programs）不仅协助教师进行教学实践，还组织学生为他们自己提出的问题寻找答案。商业、学校、政府机构对科学、技术、工程和数学四个学科的整合性教育（Science，Technology，Engineering and Mathematics，STEM）的呼吁促进了该计划的发展。

Arizona 计划共由五个项目组成：

(1)"SWAP——学校社区水资源检查"项目

在该项目中，参与的学生应用科学和数学知识，每日检查、分析和评价学校和家庭的室内外用水情况，提出更多技术层面的有效措施和方法，节约用水。主要分为四个阶段：STEM 将参与项目的权利授予学生；学生基于其所学到的内容，参与到学校和家庭中，每日检查并分析水的使用情况；学生指导家长采取一定的节约用水措施；在学生的参与下，通过节约用水的措施影响社区内水资源的使用。

(2)"AWF——美国亚利桑那州水节"项目

在该项目中，教师将学生带出校园，用一天的时间来庆祝水节。迄今为止，超过 1000 个学生参与了这个项目，参与的主要是四年级的学生，并且参与过的学生可以作为志愿者来培训之后参与进来的学生。在个体层面该项目促进了学生对课程的学习，深化了学生对水的相关知识（如水循环、水保护、集水区等）的理解；在社区层面，该项目使社区也能够参与并支持教育，扩大了项目的影响力。

(3)"WIP——水资源调查"项目

在该项目中，学生主要针对三大主题进行调查：①水资源（7 月~10 月）：主要调查亚利桑那州的水资源，学生需要探索地下水和地表水之间的联系。②人类使用的水（10 月~1 月）：主要对在学校和家中使用的水进行量化研究，并通过技术措施来节约用水。③环境中的水（2 月~5 月）：主要调查水对环境的影响，学生需要自己设计调查方案并在临河区域中实施。每个主题各需要三个月的时间进行调查，并要求学生在调查期间使用批判性思维解决问题。

从 2011 年起，超过 4000 所初中和高中参加了水资源调查项目。2012 年，项目节省了近 880 万加仑的水。学生通过户外实地调查解决问题，参加 STEM 研讨会，领奖并展示研究成果，技术性措施能够有效促进水资源的节约使用。

（4）"教师学院"项目

在该项目中，APW 教师学院为教师的专业发展提供支持，提升教师的教学实践水平，达到 AzCCRS（the Arizona College and Career Ready Standards）标准，从而激发学生的批判性思维和解决问题的能力等。该项目采取的主要措施包括：

①应用合作学习的形式使学生全程参与；

②提升科学和工程技能；

③深入探究基于项目的学习方式，激发学生对知识和技能的自主掌握；

④整合科学、技术、工程和数学，有效地将知识与相关应用联系起来；

⑤通过使用声明、证据、推理来达到 AzCCRS 标准。

（5）"WSI——水资源现场勘查"项目

该项目鼓励参与者通过安装节水装置，开展家庭用水的节水实践，并将节水家庭的用水量与其他正常用水的家庭进行比较。这是一个为期两天的课堂项目，在这两天内，学生获得关于数据收集与处理等的知识技能。两天之后，学生在课堂外完成作业。在此项目中学生可以在线获得项目指导说明书和数据表格，在线提交自己的报告，进而让五到九年级的学生聚焦于水资源的保护、利用效率、水资源勘察上。

总体来讲，Arizona 项目的特点主要包括：在线参与并提交学习内容，如提交分析报告、报名当志愿者等；教师和学生的培训与指导；发动商业、政府、社区等多种组织参与；举办节日、研讨会等来扩大影响力。

4.1.5 学习活动设计指引I

时间分配	活动安排	活动说明
20min	小组讨论与分享	老师提出问题：你认为作为 21 世纪的学生需要具备哪些方面的技能？ 小组内基于问题进行讨论，并将本组讨论的信息写在白板上； 小组汇报，先选择其中一个小组汇报，其他小组再针对这一组的汇报情况进行补充
5min	学生自主查阅	教师要求学生上网查阅 21 世纪技能的具体内容，对讨论的内容进行补充（教师可提供相关网站和文献）； 小组内上网查阅相关资料，补充讨论结果
15min	教师讲授	教师系统地讲授 21 世纪技能的具体内涵，可以从学习内容和学习支持系统对 21 世纪"彩虹图"进行解构和解读； 学生可在教师讲解的过程中随时提问或与教师互动交流

续表

时间分配	活动安排	活动说明
35min	小组活动	教师将班级同学进行分组； 教师要求各个小组上网查找 21 世纪技能培养的相关案例； 结合 21 世纪"彩虹图"，各个小组分析这些案例是从哪些方面对 21 世纪技能进行培养和促进的； 每个小组进行班级展示与汇报
15min	教师总结	教师总结小组汇报的结果，为学生进行点评； 教师对 RxeSEARCH 课程进行讲解与分析
5min	讨论交流与布置课后作业	通过本堂课的学习，组内讨论各自对 21 世纪技能的理解，并谈谈你对培养自身技能、应对 21 世纪挑战的想法和做法

参考文献

[1] Trilling, B., Fadel, C. (2009). 21st century skills: Learning for life in our times[S]. John Wiley & Sons.

[2] Partnership For 21st Century Learning[EB/OL]. http://www.p21.org.

[3] 张义兵（2012）. 美国的"21 世纪技能"内涵解读——兼析对我国基础教育改革的启示[J]. 比较教育研究，(5)：86-90.

[4] 靳昕，蔡敏（2011）. 美国中小学"21 世纪技能"计划及启示[J]. 外国教育研究，(2)：50-54,77.

[5] 高源（2012）. 基于项目的学习与 21 世纪技能[J]. 文教资料，(29)：164-165.

[6] 21 世纪技能（2013）. 上海教育，(6)：14-15.

4.2 评价（Assessments）

4.2.1 形成性评价与总结性评价的区别

美国著名评价学家斯克里文（Scriven）在其 1967 年所著的《评价方法论》中首先提出形成性评价，并将评价分为形成性评价和总结性评价。形成性评价（Formative Evaluation）是通过诊断教育方案或计划、教育过程与活动中存在的问题，为正在进行的教育活动提供反馈信息，以提高实践中正在进行的教育活动质量的评价。近十年来，形成性评价十分流行，教学者收集学生学习诊断的信息，在教学过程中根据学习者的表现不断进行教学调整，而总结性评价收集学习诊断信息是用来评判学习者整体发展的最终学习成果。

一般来说，总结性评价（Summative Evaluation）应用在教育阶段的末尾，而形成性评价则应用在教学发生的过程中，两种评价形成鲜明对比，而两者的区别主要是评价目的不同：形成性评价不以区分评价对象的优良程度为目的，不重视对被评对象进行分等鉴定；总结性评价则是在教育活动发生后关于教育效果的判断。一般而言，总结性评价与分等鉴定、作出关于受教育者和教育者个体的决策、作出教育资源分配的决策等相联系。例如，学校的鉴定、教师的考核、学生的毕业考试等都是总结性评价。

两者的区别可从以下四个方面加以说明（王蔷，程晓堂，2001）：

第一，形成性评价与总结性评价的目的、期望的用途不同。形成性评价的主要目的是判断给定的学习任务被掌握的程度，其目的不是为了对学习者分等或鉴定，而是帮助学生和教师把注意力集中在为进一步提高所必需的特殊的学习上。总结性评价指向更一般的等级评定，它的直接目的是作出教育效果的判断，从而区分优劣、分出等级或鉴定合格。

第二，形成性评价与总结性评价的报告听取人不同。形成性评价是内部导向的，评价的结果主要供那些正在进行教育活动的教育工作者参考。总结性评价是外部导向的，评价的报告主要呈递给制定政策的各级管理人员，以作为他们制定政策或采取行政措施的依据。形成性评价与总结性评价的这一区别，决定了这两类评价活动的外部特征：形成性评价者与教育活动的实施者相互依赖，教育活动的实际参与者与实施者需要形成性评价者提供各种帮助，这两类人员关系密切，在课堂评估中表现为教师和学生共同完成；而总结性评价者则在一定程度上保持着独立的关系，这一独立的关系是他们能以客观的态度实施评价的基础。

第三，形成性评价与总结性评价覆盖教育过程的时间不同。形成性评价直接指向正在进行的教育活动，以改进这一活动为目的，因此，它只能是在过程中进行的评价，一般并不涉及教育活动的全部过程。总结性评价考查最终的效果，因此，它是对教育活动全过程的检验，一般在教育过程结束后进行。

第四，形成性评价与总结性评价对评价结果概括化程度的要求不同。形成性评价是分析性的，因而，它不要求对评价资料作较高程度的概括。而总结性评价是综合性的，它要求最后获得的资料有较高的概括化程度。

以上四方面为形成性评价与总结性评价的主要不同之处，具体到课堂评估，McMillan（2007）将两者区别的主要表现以表 4-2 所示的形式列出。

表 4-2 形成性评价与总结性评价的特征

特征	形成性评价	总结性评价
目的	为教学提供持续性反馈	在一个教学单位结束后对学生学习情况的衡量
实施的时间	在教学过程中	在教学过程后
学生的参与	鼓励	不鼓励
学生的动机	内在的、以掌握学习目标为目的	外在的、以完成学习行为为目的
教师的角色	及时提供具体的反馈信息，做出教学调整	测量学生的学习，并进行等级评定
所侧重的认知水平	深层次理解、应用、推理	知识和理解
评价内容和评价对象	评价内容高度具体化、评价对象个性化	评价内容概括性、评价对象群体性
评价程序	灵活	固定
评价方法	非正式	正式
对学习的影响	巨大、正面、持久	微弱、短暂

4.2.2　如何进行形成性评价

1. 形成性评价模式

1994 年 Weir 和 Roberts 出版《Evaluation in ELT》一书，列举了 13 种形成性评价方法，包括观察、日记、问卷、访谈、文献和资料分析、自我评价等方法；同时，详细分析了访谈、问卷和课堂观察的目的、具体方法和实施步骤。另外，Richards 在 2001 年出版的《Curriculum Development in Language Teaching》中独辟一章讲解了类似的 12 种评价方法。多元的评价方法一般注重于解释考试以外的评价方法，例如：课堂观察，学生档案和日记，并且，此书还进一步分析了这些方法的功能。例如，课堂观察和学生访谈可反映学生学习语言的策略；日记可分析学生的学习态度；课程记录、授课材料可反映教学体系，等等。此外，书中大量的实证研究为形成性评价提供了在各种具体环境下实施的方法和策略。

形成性评价是通过观察、活动记录、测验、问卷调查和咨询等形式对学生的学习进展进行的持续评价，它覆盖学习的全过程；它的目的不是为了选拔少数优秀学生，而是为了发现每个学生的学习潜能，促进学生学习，并为教师提供反馈；帮助教师了解每个学生的学习情况和学习需要，随时调整教学内容和方法，从而提高教学的效率。它除了能评价知识、技能等可以量化的方面以外，更适用于评价兴趣、态度、策略、合作精神等不易量化的品质，评价的结果能以描述性评价、等级评定或评分等形式来表达；它往往在开放、宽松的气氛中，以测试或非测试以及个人与小组结合的方式进行。形成性评价具有主体性、多元性、开放性的特点。此外，Atkin，Black 和 Coffey（2001）在形成性评价的理论上，提出了形成性评价模式的三个基本阶段，每个阶段回答一个问题，见表 4-3。

表 4-3　形成性评价模式

阶段	任务
第一阶段	明确教学和学习目标，即评价标准。 回答：你要到哪里去？（Where are you trying to go?）
第二阶段	在学习过程中进行评估。回答：你现在在何处？（Where are you now?）
第三阶段	评估结果提供反馈信息。回答：你怎么去那里？（How can you get there?）

2. 在教学中如何有效地实施形成性评价

为更好地指导形成性评价的实践，不少研究者提出了形成性评价的操作框架，如美国教育考试服务中心的 KTL 行动理论模式，Wiliam（2010）提出的策略框架，McMillan（2007）提出的循环框架等，都对形成性评价的实践起着具体的指导作用。

Osmundson Ellen（2012）展示了详细的形成性评价的工作模型，如图 4-3 所示。此工作模型改进了 Margaret Heritage 设计的"形成性评价环"，在此模型中，形成性评价共分为十个环节，其中各个环节之间的关系是动态的、互动的，也就是说一个环节的变化将会导致其他部分的变化。

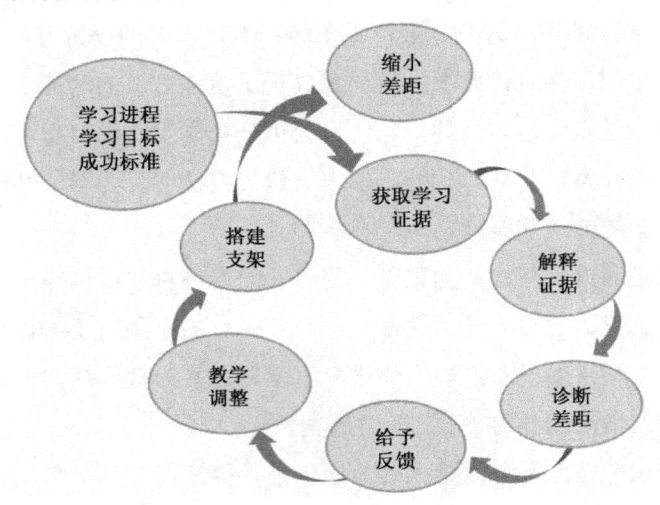

图 4-3　形成性评价工作模型（Osmundson Ellen，2012）

——学习进程（Learning Progressions）。学习进程由学习经验的描述构成，其旨在明确特定内容领域或某一时间段的学习将要如何发展，它的目的在于提示、引导学生接近更直接的学习目标和成功标准。

——学习目标（Learning Goals）。学习目标交代的是学生在整个教学过程中将学到哪些知识。因此，学习目标必须清晰、可控，同时要符合学生的学习需要，并与成功标准一致。学生不仅能够理解学习目标，而且彼此之间可以交流学习目标。

——成功标准（Criteria for Success）。成功标准是学生表达学习目标的基本方式。学生可以通过解释、演示、问题解决等方式证明他们已达到目标。有效的成功标准必须清晰、公平、毫无偏见。成功标准在方便学生交流和理解的同时，可以让学生通过案例来证明自己达到了标准。

——获取学习证据（Eliciting Evidence of Learning）。借助各种工具，搜集学生学习过程中出现的各种证据。所采取的策略与方法必须与学习目标、成功标准保持一致。同时，搜集到的证据能够反映重要概念和技能的掌握情况，即必须反映课堂重点知识的掌握。

——解释证据（Interpreting the Evidence）。教师可以根据搜集到的证据和信息分析学生所处的水平，从而修改教学计划和学习计划。

——诊断差距（Identifying the Gap）。通过明确学生所处的水平，分析学生距离学习目标和成功标准还有多少差距。

——给予反馈（Feedback）。学生的不断进步来自于教师的不断反馈。详细的、有针对性的反馈信息指出了需要改进的部分以及说明了怎样才算是成功，这些信息才能够支持学生的持续学习。

——教学调整（Instructional Modifications）。接下来教师就需要调整自己的教学来支持学生的学习，在此过程中，教师可以通过提供额外的学习经验、引导性的发问或鼓励学生加入讨论等来帮助学生改进学习。

——搭建支架（Scaffolding New Learning）。给学生的学习搭建支架，如给学生提供适当的支持，使学生能够独立地说、写、制作等。

——缩小差距（Closing the Gap）。推动学生沿着各自的学习轨迹，缩小他们现在所处水平和学习目标之间的差距，这也是教学和学习最关键的一步，是形成性评价的归宿。

4.2.3 相关案例

英语 KMOFAP——评价促进学校

在英国，从事教育事业的工作者认为形成性评价应是"促进学习的评价"（Assessment for Learning），基于此认知，国王学院与麦德威、牛津郡开展了形成性评价计划（King's-Medway–Oxfordshire Formative Assessment Project，KMOFAP），该计划从评价促进学习着眼，针对学生评价的实际问题进行了深入探索。通过实践探索，发现实验班学生的学业成绩有明显提升，最后归纳出四条成果与建议。

（1）改变提问方法。首先，应设计有价值的问题，如"你认为……""你会如何表达？"等，从问题中诊断学生的理解状况。其次，采取"等待时间"和"不举手"的方法，给学生更长的思考时间，鼓励所有学生都得出一个答案，不用举手回答，而是积极参加讨论或由教师抽答。可通过"头脑风暴"提高参与度：在教师要求回答之前，小组讨论 2~3 分钟，所有答案，不论对错，都拿出来讨论。通过讨论，教师可了解学生的基础、认知缺口，从而针对学生的具体情况进行教学。同时使学生认识到，学习的关键不在于他们是否得出正确答案，而是他们能否充分地表达自己的见解并参与讨论，从而变得积极起来。

（2）改进评价反馈方式。英国教师对学生的书面作业进行评价，普遍采用打分数与写评语并用的方式。然而英国教育心理学家巴特勒（Ruth Butler）的研究表明，一份书面作业有分数也有评语时，学生往往只看分数而忽视评语。分数高低并不会告诉学生怎么去提高，评语才能真正让学生和家长知道问题，从而调整学习。因此，参加计划的教师采取只写评语不打分数的方法。

第一，提高评语的质量。教师之间相互交流，分享能给人留下深刻印象的评语，探讨能让学生关注评语的方法，如创造一个关注评语的氛围等。第二，加深学生对关键问题的理解。评语必须指出哪些已经做得好，哪些仍需要改进，并对如何改进提出建议。

总的来说，给予学生的评语反馈必须引发学生思考，才能有效地促进学习。

（3）引入学生自评和互评。澳大利亚教育学家萨德勒（Sadler.R）指出，学生只有在理解了目标并能判断他们需要做什么才能完成目标时，才可能实现这一目标。因此，自评对学习来说非常重要，而互评又能推动自评。一方面，互评是学生用自己的语言进行的，他们易于接受；另一方面，学生通过充当教师和检查者，同时也在学习。学生的自评和互评结果，又可作为教师调整教学的依据。

参与计划的教师在学生自评和互评中常用"交通灯"方法。对于问题的答案，学生举出绿、黄、红三色卡片，分别代表理解、不确定和不理解，然后学生分成小组再通过提问等方式开展自评和互评，以验证自己的判断是否正确。另一种办法是先使用"交通灯"策略开展自评，然后教师将举绿卡（理解）和黄卡（不确定）的学生组成混合组，让他们互相交流和评价，而举红卡的学生组成一组，由教师进一步指导。

需要指出的是，在使用自评和互评的方法时，必须明确告诉学生评价学习成就的标准，同时提供具体的范例；让学生认识到学习目标及成功完成学习目标对他们意味着什么；鼓励学生记住学习目标，在学习过程中评价自己，同时以同学之间的讨论促进互评，这样学生可以通过其他同学更客观地了解自我；对学生在群体中的表现进行指导，教会学生在互评中合作的习惯和技能，如倾听、轮流发言、给予肯定的同时又提出建设性的意见等。

（4）将总结性评价与形成性评价相结合。形成性评价与总结性评价不是相互排斥的，它们应当共存。在此项目中发现，总结性评价的结果同样可用于促进学习，可采取以下三种方法。

第一，针对学生考前复习时不注重使用复习策略的情况，教师用"交通灯"方法，让学生对测试中会出现的一些重点问题进行判断，以了解自己哪些已掌握（绿卡），哪些还需提高（红卡）。学生进行了反思性评价，就可据此有针对性地设计复习方案。第二，将总结性评价的结果用于形成性评价。可以让学生组成小组互相评卷，促使他们关注和了解所使用的标准，认识自己的问题并在同伴中寻求答案。互评试卷后，教师带领学生针对较难的问题进行共同讨论。第三，鼓励学生自己出题、自己作答再评价答案。这不仅使学生了解评价过程，同时促使他们要求自己更全面地掌握知识，同时锻炼学生的综合能力。

总而言之，学生学习的评价更少地被看作是竞争性和总结性的判断，更多地作为学习过程中有特殊意义的一步。

（上述案例引自：林瑾娜，许明（2007）．评价促进学习——英国 KMOFAP 形成性评价个案分析[J]．全球教育展望．(6)：44-47）

4.2.4 学习活动设计指引

时间安排	活动流程	活动说明
25min	小组讨论与分享	①老师提出问题：你认为什么是形成性评价？形成性评价在教学环节中怎么应用？ ②小组内进行头脑风暴式的讨论，并将碎片化的观点写在白板上（10min）； ③选择一个小组汇报讨论结果，其他小组进行补充（10min）
20min	教材讲解	教师系统讲授形成性评价的理论知识（形成性评价的概念、案例、评价）；学生可以随时提问并与老师互动交流
35min	小组活动	①教师将班级小组分为两类； ②一类小组上网搜集国内形成性评价的相关案例，另一类小组上网搜集国外形成性评价的相关案例（15min）； ③各个小组将搜集到的案例进行整理，总结出形成性评价的特点（10min）； ④每个小组进行班级展示与汇报（10min）
15min	教师讲授	①教师总结学习空间的特点，为学生进行关键点的知识梳理； ②教师对设计案例进行讲解与分析
5min	讨论交流与布置课后作业	①经过本堂课的学习，组内交流自己对形成性评价的理解； ②以小组为单位，完成一个形成性评价的设计方案

参考文献

[1] 陈玉锟（1998）．教育评价学[M]．北京：人民教育出版社．

[2] 李清华，王伟强，张放（2014）. 形成性评估研究[M]. 北京：科学出版社.

[3] 王蔷，程晓堂（2001）. 英语教学法教程[M]. 北京：高等教育出版社.

[4] 林瑾娜，许明（2007）. 评价促进学习——英国 KMOFAP 形成性评价个案分析[J]. 全球教育展望. (6): 44-47.

[5] McMillan, J.H. (2007). *Classroom Assessment: Principles and Practice for Effective Standards-based Education.* 4th ed. [M]. Boston: Allyn & Bacon.

[6] Atkin, J.M., Black,P., Coffey, J.(2001). *Classroom Assessment and the National Science Education Standards*[M]. Washington, D. C.: National Academy Press.

[7] Osmundson, E. (2012). Understanding Formative Assessment in the Classroom[J]. *Global Education*, (4): 003.

[8] Marzano, Robert, J., Debra J. Pickering. (2010). *The highly engaged classroom*[M]. Solution Tree Press.

4.3 教师角色的改变（The Changing Role of the Teacher）

4.3.1 教师角色与教师专业成长

长期以来，学校教育在个体成长教育中占据着重要的地位，而教师作为学校教育的重要角色，是课堂干预的最终解释者，并对教学的干预效果有直接的影响（Nye，Konstantopoulos & Hedges，2004）。在传统的教学中，往往是以教师、教材、课堂为中心，教师只重视知识传授与机械训练。

21世纪，学校教育已经发生了深刻的变化，从过去的"以教为中心"转变为"以学为中心"。就课堂教学来说，教师扮演的角色也不再仅仅是知识的传递者，还需要成为学习活动的设计者、指导者、参与者与促进者。并且，随着信息技术时代的到来，学校教育的环境也发生了巨大的变化，应用技术促进教学也越来越成为常态。技术的日益融入，也促使世界各地许多学校开始重新思考教师的首要责任，教师们被期待能够熟练地应用技术和其他方法改进教学、学习者支持、学业评估、与校内外教师的合作交流、数字化管理学生事务等。

所以，一方面教师教育也不能仅仅限于传统的、只关注个体的教师教育方法（林秀钦，黄荣怀，张宝辉，2008）。另一方面，由于信息技术具有促进交流、共享和反思的潜能（Duffy & Kirkley，2003），其不断的发展也持续激发了传统模式的深刻变革，教师最重要的角色已经不再是学生获得信息和知识的主要来源，取而代之的是作为设计者、指导者与促进者，培养学生成为终身学习者所具备的能力和素养，最终培养学生们对学习进行深度探究的好奇心（Johnson，Adams Becker，Estrada & Freeman，2014）。在转变的过程中，教师需要思考知识传递和教学引导之间的关系，合理地使用技术工具，关注学生的个体差异。

而人们也逐渐认识到，教师要想完成角色的转变和重塑，需要自身持续不断的专业发展，需要及时的社区性支持和协同学习经验，需要表达、范式并与同行共享教学经验的机会（Barab，Barnett & Squire，2002）。

目前国外已有不少技术支持的教师教育项目。比如建于1992年的数学论坛（http://mathforum.org/；Renninger & Shumar，2004），是一个为学生、数学爱好者和数学教育者提供高质量的材料、活动、互动的"社区中心"，还提供了一个数学资源互动图书馆。在这个社区里，教师不但可以获得课堂资源，还能相互讨论问题、分享观点并提问。通过线上和线下相结合的方式，发展了教师共同体（Sawyer，2005）。探究学习论坛（Inquiry Learning Forum，ILF，http://ilf.crlt.indiana.edu/）是美国印第安纳大学开展的，可供美国职前、职后教师参与的专业发展项目，也是基于实践共同体模式进行设计的（Barab，MaKinster，Moore & Cunningham，2001）。

教师教育项目除了搭建教师共同体之外，还有为教师开展新教学提供在线培训的项目。例如"教育者大规模交互发展"（Wide-scale Interactive Development for Educations，Wide world；http://wideworld.pz.harvard.edu/）是由哈佛教育研究院主办的，其核心思想是"为了理解的教与学（Teaching for Understanding）"，该项目设计了一个在线课程环境以帮助教师来改善教学实践。而新加坡教育部为 1997 年启动的远景目标"Thinking Schools，Learning Nation"建立了"教师网络（Teacher's Network，TN）"，项目由"学习圈""研讨会""TN 会议"以及"面向教师自主学习的 TN 网站"四个部分构成，旨在利用技术建立教师协作性网络和知识管理系统，形成教师共同体，支持教师开展自发性的分享、交流、合作与反思等专业发展活动，提高其专业技能（林秀钦，黄荣怀，张宝辉，2008）。

多元化的技术支持下的教师教育，也显示了信息时代背景下教师专业发展空间的巨大和复杂，而这些教师教育项目也将有助于加强教师的教学理论和教学实践之间的联系，推进教师角色的转变。

4.3.2 相关案例

1. 教师专业发展案例

——Wide World（https://learnweb.harvard.edu/wide/en/index.html）

（1）项目介绍

Wide World 的全称为 Wide - scale Interactive Development for Educators，即"教育者大规模交互发展"，它是哈佛教育研究院在 30 多年研究与实践基础上开发的一个教师创新职业发展项目（杨蓓玉，胡航，姜琴，2008）。

Teaching for Understanding（为理解的教学）是哈佛大学知名教授研究开发的一个新型教育理念和教学方法，Wide World 项目旨在让教师学习、思考和应用 Teaching for Understanding 教学策略，设计自己所教学科的教学规划和教案，积极引导学生形成21

世纪学习和工作所需要的批判性思考能力、解决问题的能力。

哈佛大学 Wide World 机构已经成功地向世界上 100 多个国家的 12 500 多名教师和学校领导提供了网上职业培训，主要有美国、加拿大、瑞典、澳大利亚、新加坡、拉美国际组织和中国等。中国的引进和推广主要在上海和福州。

（2）教学内容

Wide World 项目课程一般分为 6 个单元，每单元为期两周，共 12 周（另加一周导言部分），平均每周学习时间是 3~4 小时。

每单元开始，教师会介绍新内容，总结并陈述先前阶段参与者的对话，布置新单元的各种任务和截止日期。在第一单元里，学员讨论并思考这一概念及其在课堂中的应用。第二单元到第四单元，学员将逐步学习"为理解的教学"模式所包含的四个主要组成部分（启发性论题、理解目标、理解活动、持续性评价），并尝试使用这一模式对自己的学科教案进行设计和修改。第五单元和第六单元中，学员和教练及网上同行一起对所设计的教案做进一步完善和修改，并为在课堂上的实施做好准备。Wide World 项目课程为教师提供的一系列活动可以促进教师教学策略的发展和职业共同体的形成。

（3）教学方式

为了给学员提供个性化学习服务，Wide World 项目课程由"讲师—教练—学员"三级结构组成：讲师负责设计课程内容和教学，学员按其学科和年级背景被分到含有 8~12 个学习体的学习大组（一个学习体可以是个人，也可以是 3~4 名教师组成的学习小组）。每组由一名对课程内容有深刻理解并有着丰富教学经验的教练带领。教练密切关注自己组内成员的学习情况，及时为组员提供学习帮助和支持，并随时向讲师进行汇报，起到桥梁作用。

无论是个人还是小团队，在学习组中都以一个声音（Voice）回答问题、参与讨论。一般团队成员在整个课程中共同工作，目标是提交一个课程单元或课程计划。每个团队对大多数的作业只提交一个共同的回答，并为课程完成一个共同的作品，团队成员轮流作为"团队报告人"，报告人的职责是将团队成员共同完成的作业整理成一份完整的团队报告，提交到课程讨论区。

（4）项目特点

①Wide World 项目强调合作学习。学员按任教学科（如数学或历史）相同或相似组成学习小组，以小组的形式参加课程学习、网上讨论交流并提交作业。

②Wide World 项目强调体验式学习。学员被要求将在课程中学习到的教学方法和理念运用到教学实践中,理论结合实践进行教学。

③Wide World 项目强调资源共享。课程的内容由哈佛大学教育研究院通过网络提供,还包括远程教学和辅导。除此之外,学员还可以从哈佛大学的教育资源库中获取优质资源。

综上来说,Wide World 关注学习者的终身职业发展,搭建了一个属于教学工作者的共同体,使得教师能够与在线课程进行有效地交互,强化了为了理解的教与学的过程,帮助教师通过在线的方式获得交互的学习体验,简化了在线学习的过程。Wide World 的课程以支持性的学习文化为学习者提供个性化辅导而区别于一般的在线课程,为促进教学起到了不可忽视的作用。

上述案例介绍资料引自:杨蓓玉,胡航,姜琴(2008). 为了理解的教/学——哈佛教育研究院 Wide World 项目研究[J]. 教师教育研究,20(1):74-78.

2. 教师教育项目——探究性学习论坛

(Inquiry Learning Forum,ILF,http://ilf.crlt.indiana.edu/)

(1)项目介绍

探究性学习论坛是由美国印第安纳大学开展的教师专业发展项目,自开展以来,吸引了不少美国教师参与。此项目的目的在于通过建立探究性的教学网络社区(主要为数学和科学),解决教师专业发展中出现的矛盾。矛盾主要有以下三组:正式学习与非正式学习之间的矛盾、传统课程与新课程之间的矛盾、个体反思与集体反思之间的矛盾(林秀钦,黄荣怀,张宝辉,2008)。

(2)项目内容的设计

探究性学习论坛中不仅有常见的功能模块,如讨论区、资源库等,最核心的组成是探究性教学的视频案例,学员可以在论坛的"虚拟教室"中观看到实际的教学视频片段,以及其他相关的教学材料,如课程概况、活动介绍、学生作品、教师反思等,在观看完视频后,学员获取对不同情境下探究性教学的直观感受,随后在论坛的讨论区中与同伴或小组成员进行讨论,寻找可供支持的理论基础和教学策略。

(3)网络技术的支持

论坛的设计者认为网络技术手段可以帮助"记录"教师的行为和言语,因此,可以利用技术促进学习共同体的形成。ILF 将在线教学视频与讨论反思结合在一起,使学员在对探究性教学有直观认识后，能够在线讨论以加深对探究性教学的理解。帮助学员在获得协作体验与反思的同时，逐步建立起社区情境，有利于开展批判性反思学习。

上述案例资料引自：林秀钦，黄荣怀，张宝辉（2008）．技术支持的国际教师教育项目对我国教师教育发展与变革的启示[J]．中国电化教育，(5): 8-13.

4.3.3 学习活动设计指引

时间分配	活动安排	活动说明
20min	小组讨论与分享	教师提出问题：你认为传统的教师职能有哪些？21世纪的教师角色需要哪些转变？ 小组内基于问题进行讨论，并将本组讨论的信息写在白板上； 小组汇报，先选择其中一个小组汇报，其他小组针对第一组的汇报情况进行补充
20min	教师讲解	教师系统讲授教师角色发生转变的历史背景和意义，学生可在教师讲解的过程中随时提问，与教师互动交流
35min	小组活动	教师将班级小组分为两类： 一类小组上网搜集国外教师教育项目的相关案例，另一类小组上网搜集国内教师教育项目的相关案例； 各个小组将搜集到的案例进行整理和分类，总结出教师学习的几种方法； 每个小组进行班级展示与汇报
15min	教师总结	教师总结小组汇报的结果，为学生进行关键点的知识梳理； 教师对探究学习论坛（Inquiry Learning Forum）与教育者大规模交互发展（Wide World）两个教师教育项目进行讲解与分析
5min	讨论交流与布置课后作业	经过本堂课的学习，组内讨论交流自己对教师角色转变的理解

参考文献

[1] 陈玉琨（1998）．教育评价学[M]．北京：人民教育出版社．

[2] 林秀钦，黄荣怀，张宝辉（2008）．技术支持的国际教师教育项目对我国教师教育发展与变革的启示[J]．中国电化教育，(5): 8-13.

[3] 杨蓓玉，胡航，姜琴等（2008）．为了理解的教/学——哈佛教育研究生院 Wide World 项目研究[J]．教师教育研究，20(1): 74-78.

[4] Barab, S. A., MaKinster, J. G., Moore, J. A., Cunningham, D. J. (2001). Designing and building an online community: The struggle to support sociability in the inquiry learning forum[J]. *Educational*

Technology research and development, 49(4): 71-96.

[5] Barab, S.A., Barnett, M., Squire,K.(2002). Developing an empirical account of a community of practice: Characterizing the essential tensions[J]. The Journal of the Learning Sciences, 11(4): 489-542.

[6] Duffy, T. M., Kirkley, J. R. (Eds.) (2003). *Learner-centered theory and practice in distance education*: Cases from higher education[M]. Routledge.

[7] Johnson, L., Adams Becker, S., Estrada, V., & Freeman, A. (2014). *NMC Horizon Report: 2014 K-12 Edition*[R]. Austin, Texas: The New Media Consortium.

[8] Nye,B., Konstantopoulos, S., Hedges,L.V.(2004). How large are teacher effects?[J]. *Educational Evaluation and Policy Analysis*, 26(3): 237-257.

[9] Sawyer, R.K. (Ed.) (2005). *The Cambridge Handbook of the Learning Sciences*[M]. Cambridge University Press.

Part 5

学习环境

Learning Environments

5.1 学习空间（Learning Space）

随着技术的迅猛发展，学习空间已经逐渐打破时空的限制，学生除了可以在教室或图书馆学习外，还可以在休息室、走廊甚至校园里的草坪上进行多元化的学习。学习空间的不断拓展使学生能够更加方便地开展学习活动，同时也为无所不在的学习（Ubiquitous Learning）创造了便利的条件。

任何学习活动发生的场所都可以称为学习空间。学习空间分为三类：正式、非正式和虚拟学习空间（杨俊锋，黄荣怀，刘斌，2013）。正式的学习空间包括传统的教室、图书馆、学科性质的实验室等学习场所（如图5-1）。走廊、休息室或校园里的长椅等都属于非正式的学习空间（如图5-2）。除此之外，网络社区、网络教学平台、"第二人生"（Second Life）等都属于虚拟学习空间。

图5-1 学校图书馆

图5-2 学校小花园

同时，学习空间的设计在一定程度上决定了学习活动发生的形态（Chism，2006）。比如，图 5-3 属于传统的教室布局，以教师"教"为中心的教室设计，基本上决定了授课方式为"教师讲"与"学生听"，学生处于被动的接收状态。而图 5-4 的教室空间设计则相对较为灵活，课桌椅方便调整且可移动，有利于学生进行小组学习并与教师互动交流。

图 5-3　传统的教室布局

图 5-4　未来学习体验中心

2003 年，学习空间在国际上开始得到学者们的关注。2006 年，由黛安娜·奥布尔格（Diana Obinger）主编，出版了《学习空间（Learning Spaces）》一书，该书共分为两个部分：第一部分主要介绍了学习空间的基本理论与实践；第二部分具体介绍了国际上部分高校的案例研究。这本书的核心思想是如何重构学习环境，促进学生们主动积极、社会化与体验式的学习，进而提升学习效果。该书的出版迅速推动了世界各国对学习空间与主动学习环境设计等的相关研究。2011年，北卡罗来纳大学（University of North Carolina）创办了《学习空间杂志（Journal of Learning Spaces）》，标志着学习空间这一领域的研究已经受到越来越多相关学者、专家的重视（杨俊锋，黄荣怀，刘斌，2013）。

5.1.1 主动的学习环境（Active Learning Environment）

1. 主动学习环境的概念

学习空间设计的主要目标之一是构建一个能够培养学习者积极主动学习的学习环境。主动的学习环境是指在该环境下，通过开展一系列精心设计的教学活动，提高学生学习的主动性，从而促进学生的创造力、问题解决与批判性思维能力等的发展。一般情况下，新型技术无法有效融入传统设计的教室，而主动的学习环境使其成为可能。

2. 主动学习环境的必要性

（1）世界在改变。现在的数字土著从小就对技术非常熟悉，他们已经习惯于通过网络查询资料或获取信息与知识。技术已经使学生的思考方式发生了改变。他们更习惯于记住获取信息的途径，而不是回忆知识点本身（Beichner.R, 2014）。而缺乏技术支持的传统课堂在一定程度上已经不符合学生的生活习惯，因为学生难以将课堂知识与实际生活经验相联系。

（2）信息获取的途径增多。随着技术的发展，网络、平板、手机等设备已经触手可及，教师或学校已不是学生获取知识的唯一途径。如果仍不改变传统的教室或授课方式，教育与现实会逐渐脱节，将不利于学生的正常发展。

3. 主动学习环境与传统学习环境的差异

在传统教室中，教师站在教室前方的讲台中央进行授课，学生的座位面向讲台，视线不会受到阻碍，学生可以在课桌上记录学习笔记（Gorman.K & Petersen.C, 2014）。通常来讲，这种座位的安排适合于课堂讲授型的授课方式，虽然师生互动与生生互动存在可能，但受到物理环境的制约。

相比之下，主动学习环境能够通过小组活动明显增加师生交互与生生交互的机会。但教师的讲台一般位于教室中央，每个小组也都会有独立的LED显示屏，所以教师无法同时面向所有的学生,学生也无法同时观看到显示屏与教师。

4. 主动学习环境的特点

(1) 以"人"为中心的设计理念

学习空间的设计首先应该满足学习者的需求,让其感受到舒适与幸福感(Gee, L., 2006)。每个学习者都具有各自不同的特点,因此,教师应采取多样化的授课方式以满足不同学习者的学习需求,这样的理念在欧美的小班授课比较容易实现。此外,室内的光线、温度、颜色、气味、通风等物理因素都应经过精心设计,为学习者创造出最理想的学习环境(江丰光,孙铭泽,2014)。

(2) 技术支持

为了能够更加便捷地获取学习资源,学生在学习空间中可随时使用数字设备,如电脑等,并可及时给设备充电(Brown, M. & P. Long, 2006),同时,校园内应全面覆盖无线网络,学生在校园内的任何一个角落都可以上网查找资料,进行无所不在的学习。

(3) 灵活性

教室内应配置可移动桌椅,方便学生进行组内或组间交流。例如,东京大学的花瓣型课桌与可移动椅子(见图 5-5),通过灵活的拼接组合,可支持 2~6 人的小组协作学习(谢未,江丰光,2013)。并且教师在该环境下,更易开展多样化的教学活动,运用积极的教学策略,使学生对学习过的知识有更深层次的理解与掌握(Sims, B., 2006)。

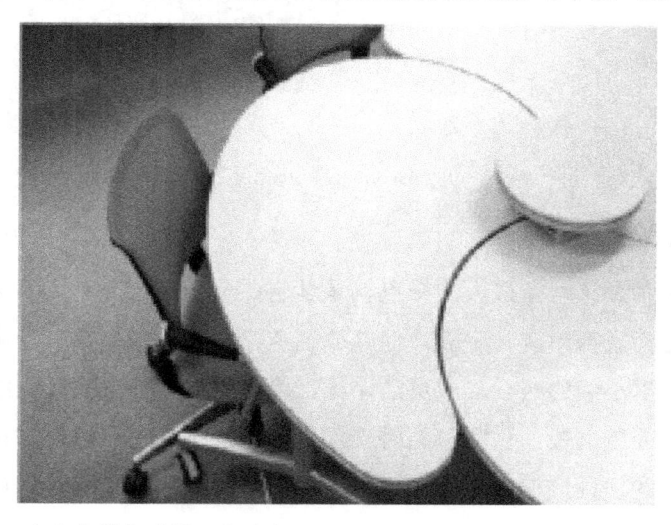

图 5-5 东京大学主动学习实验室(Komaba Active Learning Studio,KALS)
(引自:http://www.kals.c.u-tokyo.ac.jp+facilities.html)

5.1.2 相关案例

1. 加拿大女王大学主动学习教室（Active Learning Classrooms，ALC）项目

2011年，加拿大女王大学（Queen's University）教学委员会重新设计位于Ellis Hall三层的三间教室。并在2012年受到资助后开始实施该计划，最终于2014年的冬季学期（Winter Term）正式开放并投入使用。该项目的主要目的是通过给教师提供空间与资源，使其可采取多样化的教学策略，从而促进学生积极主动地学习。

图5-6是这三间新型教室的全景图。从图中我们可以看到除教室面积不同外，每间教室的桌椅形状与摆放位置也都有区别。该设计中每个教室都具有不同的特点，教师可运用不同的教学策略对学生进行相应人数的分组并实施不同的教学活动，从而提高学生参与课堂的积极性。

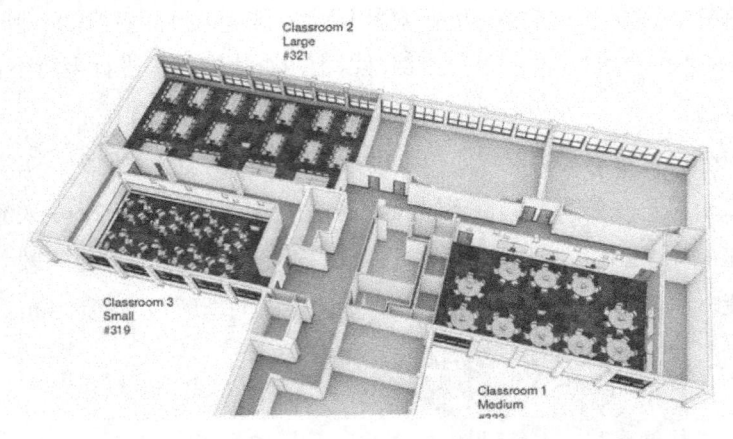

图 5-6　三间教室全景图

（引自：http://www.queensu.ca/activelearningspaces/background）

（1）ALC 319教室

如图5-7所示，该教室最大的特点就是学生课桌椅具有非常大的灵活性，共可容纳48人。每把椅子都附有写字板，能够放置笔记本电脑或书籍等。由于所有椅子都是可移动的，所以小组的组合形式灵活多样，可以根据教师实际授课的需要灵活地进行组合。讲台有控制面板，教师可随时接入VGA或HDMI，需要时也可进行投影。除此之外，教室的四周墙面上都有白板，供学生进行组内讨论或组间展示等。

图 5-7　ALC 319 教室

（引自：http://www.queensu.ca/activelearningspaces/classrooms/ellis-319-flexibility）

（2）ALC 321 教室

如图 5-8 所示，该教室主要用于小组合作式的学习，共可容纳 136 人。每张桌子都配有一台显示器，供小组进行组内讨论时使用。如需要在全班进行展示，教师可通过切换使所有显示器显示同样的内容。在两台桌子的拼接处，设有四个充电插口、一个单项式话筒（Push-to-Talk Mics）、可在 VGA 与 HDMI 之间进行切换的两个按钮与一个电子放大设备。讲台配有交互显示的 PC、LCD 触摸屏、实物投影机、USB 电缆，并可接入 VGA 或 HDMI。同时，教师可使用头戴式麦克风，在进行授课的同时更方便地在教室内走动。

图 5-8　ALC 321 教室

（引自：http://www.queensu.ca/activelearningspaces/classrooms/ellis-321-team-based）

（3）ALC 333 教室

如图 5-9 所示，该教室最大的特点是具有良好的交互性，共可容纳 70 人。该教室主要用于六人一组的合作式学习，每个圆桌配有六把可移动的椅子与一台交互式显示器，供组内交流讨论或组间展示时使用。圆桌中间有六个插口供学生给电子设备充电，两个按钮供学生在 VGA 与 HDMI 之间进行切换，还有一条与交互式显示器相连的 USB 线缆（USB Cable）。教师在授课时可佩带头戴式麦克风，学生可使用无线式手持话筒在进行小组展示时讲解。

从整体上看，这三间教室各有特色，都具备现代化气息。虽然都是小组学习，但桌椅的设计与可容纳人数均有差别。这三间教室的设计充分考虑了学生的需求，可移动桌椅的设计让学生更加方便地在室内活动，桌椅的摆放位置有利于学生进行小组讨论，学生可以在个人、小组、大组学习模式下自由切换，可以将在自己电子设备上搜索到的内容在组内的显示屏上展示，促进了学生学习的积极主动性。但也有学生表示，由于室内显示屏过多，有时会分散他们的注意力。多数情况下，成员之间是面对面的，增加了组内成员之间的交流与参与感。

图 5-9　ALC 333 教室

（引自：http://www.queensu.ca/activelearningspaces/classrooms/ellis-333-interactive）

2．北京师范大学未来学习体验中心

在新媒体、新技术、新概念的冲击与教育创新理念的推动下，2014 年 9 月，北京师范大学正式建成未来学习体验中心，即教学改革创新实验室（见图 5-10），并积极开展一系列的创新教学活动。该实验室的设计理念是为学生搭建一个良好的学习环境，促进学生积极主动地学习，并最大程度激发教与学的潜力。未来学习体验中心包

含互动讨论教室、互动教学案例教室、分组互动学习教室、教师教育实训教室、国际远程协作教室、未来学习探索实习教室以及录播控制室等不同功能的新形态教室，通过该中心的设计规划与投入使用，希冀能不断提升北师大的教学质量，运用创新的教学方式让北师大学子向更专业、多元智能的方向发展。

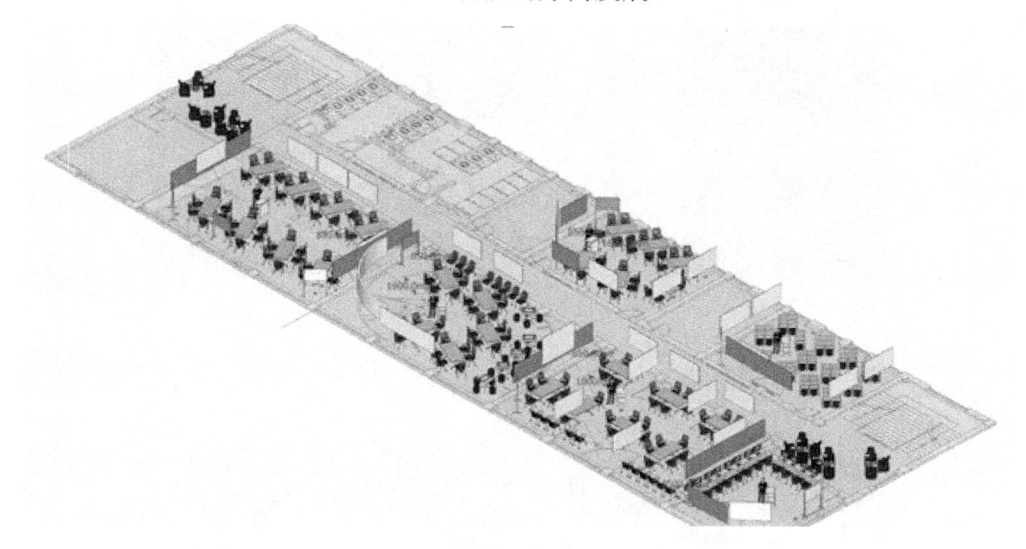

图 5-10 北师大未来学习体验中心五楼平面图

（1）501 互动讨论室

如图 5-11 所示，该教室适用于 15～20 人的小班授课。教室内所有的桌椅均可自由移动，适用于自由分组探讨教学。教室内安装有吸顶式摄像头与天迈设备，可进行全程的课程录制，方便教师进行课后的研讨、分析。通过 VGA 传输，教师可携带自己的笔记本进行课程讲解。上课过程中，学生可以通过微信扫一扫功能即时加入课堂并随时将问题反馈给教师，教师能够及时为学生解答疑惑。

（2）502 分组互动学习教室

如图 5-12 所示，该教室适用于 30～40 人的分组讨论互动教学。教室内共有六块独立白板，适用于投影以及板书书写。教师在授课过程中，可针对每个小组依次进行分组教学，对不同学生的问题进行讲解。并可控制屏幕显示不同终端，进行学生成果展示与对比，非常适用于分层教学。课后，学生可预约教室，创建独立学习空间，使用小组内设备，完成探究、研讨等形式的学习。同时，学生分组讨论学术问题时，可将自己的观点推送到每个区域的屏幕上，让所有组都能看到自己的观点。

图 5-11　501 互动讨论室

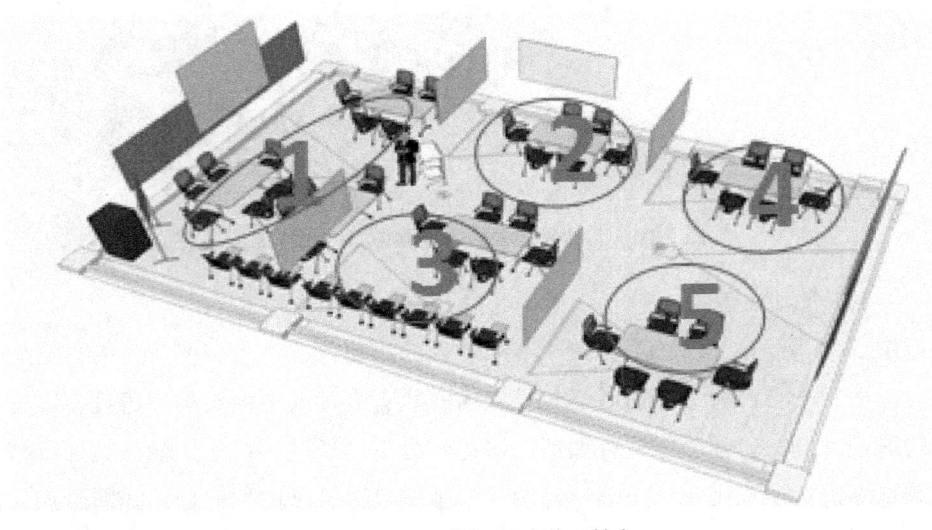

图 5-12　502 分组互动学习教室

(3) 503 教师教育实训教室

如图 5-13 所示，该教室适用于 30～40 人的教学实训、微试教。桌椅均可随意移动，摆脱传统教学的固定性，有助于活跃课堂气氛。同时，桌椅的设计便于展开小组合作模式，独立展开交流讨论。该教室最大的特点就是墙上挂有弧形超宽屏幕，具有聚拢课堂效果，使不同小组的同学之间也可以进行近距离交流。该屏幕有两个模式可供选择：一是主屏与辅屏配合使用，开展多屏互动教学；二是全屏模式，通过展示宽幅、超广角教学资源，给予学生丰富的视觉体验。

图 5-13 503 教师教育实训教室

（4）504 国际远程协作教室

如图 5-14 所示，该教室适用于 40~60 人的三方远距离课程、远程听评课指导与网络教研活动。教室内安装两块投影屏幕、两台液晶电视屏和一台 70 寸一体机，师生可随时接入 WIFI。在进行远程互动视频教学过程中，四个屏幕互相连接，教师可以任意选择一个作为主屏幕，实现互动视频教学。教师在教室中讲解的课程可以通过视频会议实现远程直播，同时，室内的升降式摄像机可以实现课程的全程录制。在教师开展多屏互动教学时，四个屏幕设备可以分别作为讨论板、授课主屏、授课辅屏、学生反馈屏。学生通过微信扫一扫功能，及时加入课堂，通过讨论板及时向教师反馈疑问并及时得到回答。

（5）505 未来学习探索实习教室（控制室、教学观察室）

如图 5-15 所示，该教室适合用作 10~15 人的教学观察室。教师可以在教学观察室观看 5 层各教室的授课情况，针对教师授课形式、学生参与课程的层次和内容等展开学术探究及分析。该控制室可将专家授课过程传送到校外，让异地教师远程观摩，开展教学研讨。目前，505 教室与校内具有会议终端的房间互联互通，如京师学堂、学生活动中心、会议室等。示范性课程可在更大范围内进行展示，并可实现点对点的互动。采集的精品资源可通过校内已有的非线性编辑设备进行加工，在网络环境中分享。

图 5-14　504 国际远程协作教室

图 5-15　505 未来学习探索实习教室

（6）506 录播控制室

如图 5-16 所示，该教室适用于 3~5 人进行录播控制。该教室内录制的课程可以通过网络传输设备传输到控制室，教师们可以坐在控制室中，通过远程听讲、观看本堂课程。

（7）507 互动教学案例教室

如图 5-17 所示，该教室适合用作 20~30 人的互动教学案例教室、乐高教育活动室等。室内桌椅均是可移动的，学生可围绕教师听课，或自由分组讨论。同时，教师还可以使用自己携带的笔记本，通过 VGA 传输进行课程的讲解。学生可以通过微信扫一扫功能即时加入到教师所讲的这一堂课中，也可以通过移动设备随时随地地将问题反馈给教师，让教师能够及时为学生解答疑惑。

图 5-16　506 录播控制室

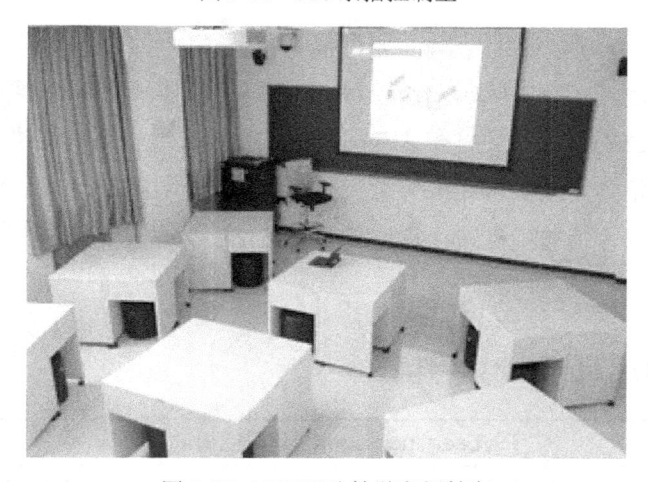

图 5-17　507 互动教学案例教室

（8）508 移动学习教室

如图 5-18 所示，该教室适用于 25～30 人的移动学习、互动研讨的小班授课方式，学生在教室内了解和体验移动设备学习，并且可自行佩带 iPhone、iPad、平板电脑、笔记本等移动设备，完成课程学习以及碎片化学习。通过 iCoud 笔记与网盘储存，师生可将课堂笔记和课件等资源上传云端，便于课后复习。同时 AirPlay 技术可将苹果设备直接连接到屏幕上，供师生进行展示。

图 5-18 508 移动学习教室

　　北京师范大学的这八间教学改革创新实验室充分体现了未来学习的空间设计理念。与传统的教室相比，教师可在这八间新型教室内开展一系列促进学生积极主动学习的教学活动，培养学生的合作探究意识与思辨能力。在该环境下，师生、生生之间能够进行充分互动，为教师创造出良好的教学氛围，为学生营造出舒适、自由的学习空间。

5.1.3　学习活动设计指引

Learning Space（学习空间）		
教学目标	能够理解学习空间的基本理论；能够掌握学习空间的特点，并对具体案例进行评价	
教学流程	活动步骤	资源/工具
1. 小组讨论与分享（25min）	①老师提出问题：你认为学习空间可以分成哪几类？未来的学习空间是什么样的？ ②小组内进行头脑风暴式的讨论，并将碎片化的观点写在白板上（10min）； ③选择一个小组汇报讨论结果，其他小组进行补充（10min）	白板
2. 教材讲解（20min）	①教师系统讲授学习空间的理论知识（学习空间的概念、分类、历史）； ②学生可以随时提问并与教师互动交流	PPT
3. 小组活动（30min）	①教师将班级小组分为两类： ②一类小组上网搜集国内学习空间设计的相关案例，另一类小组上网搜集国外学习空间设计的相关案例（15min）； ③各个小组将搜集到的案例进行整理，总结出学习空间的特点（10min）； ④每个小组进行班级展示与汇报（10min）	笔记本电脑

续表

教学流程	活动步骤	资源/工具
4. 教师讲授（15min）	①教师总结学习空间的特点，为学生进行关键点的知识梳理； ②教师对皇后大学与北京师范大学的两个空间设计案例进行讲解与分析	PPT
5. 讨论交流与布置课后作业（5min）	①经过本堂课的学习，组内讨论交流自己对学习空间的理解； ②以小组为单位，完成一个学习空间的设计方案	

参考文献

[1] 江丰光，孙铭泽（2014）. 未来教室的特征分析与构建[J]. 中小学信息技术教育 (09): 29-3.

[2] 谢未，江丰光（2013）. 东京大学 KALS 与麻省理工学院 TEAL 未来教室案例分析[J]. 中国信息技术教育 (09): 99-101.

[3] 杨俊锋，黄荣怀，刘斌（2013）. 国外学习空间研究述评[J]. 中国电化教育 (06): 15-20.

[4] Beichner. R. (2014). Chapter 1: History and Evolution of Active Learning Spaces[A]. Baepler. P, Brooks. D, & Walker. J. (Ed), *Active Learning Spaces*[C].San Francisco.

[5] Brown, M., P. Long. (2006). chapter 9: Philip Long Trends in Learning Space Design[A]. In Oblinger, D.G. (Ed), *Learning Spaces*[C]. Washington, D.C.: EDUCAUSE.

[6] Chism, N.(2006). chapter 2: Challenging Traditional Assumptions and Rethinking Learning Spaces[A]. In Oblinger, D.G. (Ed), *Learning Spaces*[C]. Washington, D.C.: EDUCAUSE.

[7] Gee, L. (2006). chapter 10: Human-Centered Design Guidelines[A]. In Oblinger, D.G. (Ed), *Learning Spaces*[C]. Washington, D.C.: EDUCAUSE.

[8] Gorman. K, Petersen.C.(2014). Chapter 6: Strategies to Address Common Challenges When Teaching in an Active Learning Classrooms[A]. Baepler. P, Brooks. D, & Walker. J. (Ed), *Active Learning Spaces*[C]. San Francisco.

[9] Sims, B. (2006). Creating a Teaching and Learning Environment in Criminal Justice Courses that Promotes Higher Order Thinking[J]. *Journal of Criminal Justice Education*, 17(2): 336-357.

[10] Sun, M., Chiang, F.K. (2015). Book review: Active Learning Spaces: New Directions for Teaching and Learning (Author: Paul Baepler et al.)[J]. *Educational Technology & Society*, 18(2): 394-396.

5.2 移动学习与泛在学习
（Mobile Learning and Ubiqiutous Learning）

移动设备的普及与快速发展，改变了人们的生活方式与工作形态，也直接影响了学生的学习方式与知识获取的习惯，21世纪的教育环境与信息科技影响下产生了移动学习与泛在学习这一全新的学习形态。2006年学者们开始提出了"无缝学习"（Seamless Learning）的概念，并系统而全面地阐释了1:1移动设备支持的无缝学习模式。当时，该概念并未引起重视，直到移动技术的进一步发展与行动载具普及后，无缝学习的理念才得到广泛的研究与关注（刘军，2011）。

新加坡南洋理工大学的Looi教授在第十届mLearn世界会议上提出，技术的联通性推动学习活动的连续性成为无缝学习的一大关键（刘军，2011）。普适计算技术的发展将对学习产生重大影响，我们正朝着一个情境感知泛在学习空间 AULS（Ambient Ubiquitous Learning Space）的生态环境迈进，未来的学校、图书馆、教室、博物馆，乃至各种商品都能发射自身的信息，让每一个学习者都能沉浸到现实世界和数字世界交互的信息生态环境之中（Chan, et al., 2005）。这种信息无缝融合进入周围现实社会，形成一个信息资源无所不在的环境，让无缝学习空间的构建成为可能，学习的泛在化也在逐步实现。教育教学将会在前所未有的环境下展开，学习者也将拥有智能、无缝的学习空间（余胜泉，2007）。

不论在何时何地，人们都能通过多种方法获取想要的信息，资源的高度可获得性使泛在学习成为现实。高质量的泛在学习依赖于智能的无缝学习空间。构筑无缝学习空间这一高等学习环境的基本要素主要包括泛在通信网络、具有情境感知能力的智能学习终端、学习资源、教育云计算中心等几部分。泛在学习对学习资源提出了新的需求和挑战。

5.2.1 国内外电子书包教学

国际上，据克里夫兰市场咨询公司的调查报告，迄今至少有50个国家（地区）计划推广电子课本、电子书包，市场潜力巨大，其潜在市场规模达500亿美元（张迪梅，2011）。在1999年，新加坡德明中学一众学生携带轻便的电子书包进入课堂，成为电子书包在教育界运用的首例。2000 年，法国也开始尝试在小学阶段推广电子书包的使用。2001 年 4 月，马来西亚也开始在吉隆坡及周边地区的 200 多所中小学开展试用电子书包（张倩，章祥峰，2011）。中国台湾地区早在 2002 年就出台了电子书包教学计划，早期因为技术成熟度与硬件昂贵等没有获得推广，近年来台湾地区各县市又开始逐步推广与试点行动载具在教育中的创新应用，不论是作为认知辅助教学或是个人学习环境的创建，都在不断尝试与创新教学。2003 年，香港地区 10 所小学正式推行电子书包试验计划，经过一年试验，证明电子书包具有良好的教育教学效果，于是相关主管部门开始向全港 1000 多所中小学推广（李晓庆，江丰光，2013）。2009 年 6 月，美国加州州长阿诺·施瓦辛格计划分步实现电子书包在加州的全面使用，并放弃传统的纸质课本，走入学习新时代。韩国也在 2012 年让电子书包全面取代传统课本教材，使电子书包成为学生受教育的不二辅助工具（张迪梅，2011）。

早在 2000 年电子书包在天津问世后，中国内地就兴起了第一批次的电子书包热（贺平，2013）。然而相比国外雷厉风行地让电子书包全面取代传统课本，内地的电子书包发展一直处于不温不火的状态，由于各方面因素考虑以及多重因素制约（包括传统教学力量的质疑、家长的忧虑、技术的不成熟、价格的负担、教育发展还尚未达到理想阶段等），内地并没有如此急切地在中小学发展电子书包的应用。2003 年，上海金山区金棠小学成为试点学校，尝试用电子书包代替传统的书本进行教育教学。类似的试点学校纷纷投入使用电子书包的行列，颇有蓬勃发展之势。2008 年，Intel 公司的《1∶1 数字化学习应用研究项目》再次激起电子书包的新发展。2011 年前后，内地掀起了一股电子书包进课堂的热潮（李青，2013）。从东南沿海发达地区率先发展，并试图辐射周边地区。北京、上海、深圳等地的电子书包进课堂都已初具规模，不仅已引入设备，实现 1∶1 的学习环境，还配套跟进了丰富的教学资源，发展与革新了教学方式。江丰光、熊英（2013）研究深圳电子书包应用于课堂教学的相应问题，总结归纳出电子书包推行将面临的几个重要方面的问题：现行教育制度、校方、教师、学生、家长及电子资源和功能等，如图 5-19 所示。

此外，李晓庆、江丰光（2013）通过文献分析，对比了中国大陆、香港、台湾电子书包应用发展的状况与特点。发现从应用电子书包的学科角度看，语文、英语应用较多，电子书包对于数学学科更多的是作为辅助工具（类似计算机），还没有发挥更重要的作用。同时，在小学的应用比受高考影响的高中更为广泛。台湾地区注重课程内容与应用的关联，在综合学科、自然科学、体育健康教育等领域应用颇多。香港地区最初在音乐、美术等艺术领域使用电子书包,随后侧重于电子书包的学习辅助功能,所以在学科应用方面没有明显的偏向。三个地区普遍更多的在义务教育阶段使用电子书包。

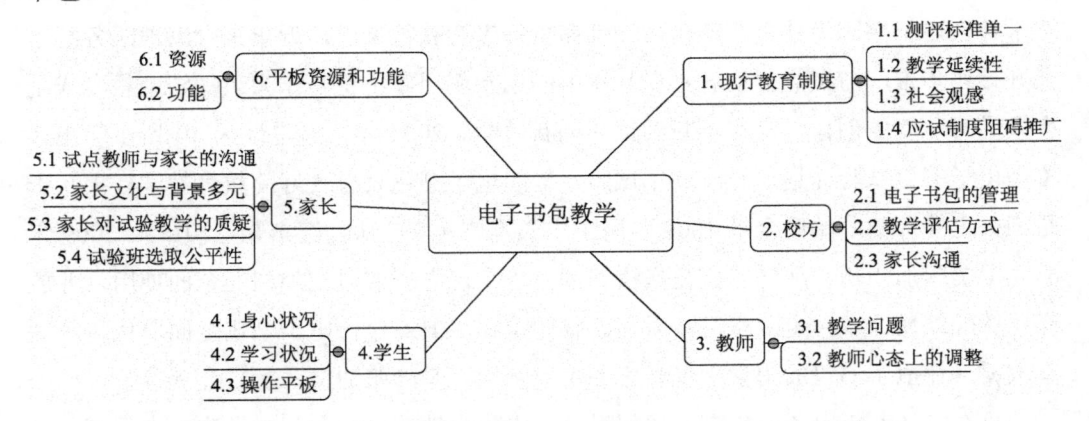

```
                                                              1.1 测评标准单一
        6.1 资源                                               1.2 教学延续性
                  6.平板资源和功能        1.现行教育制度
        6.2 功能                                               1.3 社会观感
                                                              1.4 应试制度阻碍推广
5.1 试点教师与家长的沟通
   5.2 家长文化与背景多元                                       2.1 电子书包的管理
                         5.家长    电子书包教学    2.校方       2.2 教学评估方式
   5.3 家长对试验教学的质疑
                                                              2.3 家长沟通
      5.4 试验班选取公平性

        4.1 身心状况                                  3.1 教学问题
        4.2 学习状况    4.学生         3.教师
                                                     3.2 教师心态上的调整
        4.3 操作平板
```

图 5-19　电子书包应用于课堂教学的相关问题（江丰光、熊英，2013）

　　从电子书包的应用角色出发,普遍情况是电子书包的应用还只是涉及了表面阶段,对深层次的认知加工、知识建构、创新能力培养等方面的作用没有明显的体现。

　　从与学科整合的角度出发,大陆地区主要关注学科本身的特点,而台湾地区更注重电子书包作为教学媒体的特点,香港地区则重视如何根据教学需要选择并使用电子书包以及在专题课上实施。

　　从电子书包课堂协同媒介对比角度出发,大陆地区广泛使用概念图工具,台湾地区青睐于移动 APP,香港地区则倾向于使用平台等大规模在线工具。

　　同时,尽管应用了电子书包这一新兴教学工具,教学模式依然停留于以讲授式为主,教学模式和教学策略没有很大的变革,相比而言,台湾地区更多地使用合作探究模式,注重实际问题的解决,香港地区也侧重于使用探究式教学,希望通过电子书包的独特性挖掘学生的独特性。

　　电子书包是帮助完成移动学习的极佳媒体,通过电子书包,时间和空间的限制都可以被打破。但是,为了更好地实现泛在学习和终身学习的目标,必须培养学习者的自主学习能力和自我管理的能力。强制性的措施不能永远制约学生,当有一天学生"自由"以后,若不具有自我约束和自我规划的能力,学习者将会面临前所未有的学习危机：或是在海量信息资源里不知所措,没有前进的方向；或是沉沦于信息时代的多重诱惑。培养学习者学习的能力而非知识的获取,才是当代教育应该达到的目标。而电子书包应该在这个过程中起到推动和促进作用。学习者自我构建学习空间，自主寻找学习资源，自发组成合作模式，自己完成学习任务，自己规划学习计划，在教师巧妙的引导与电子书包的辅助下，分阶段一步步实现。唯有如此，才能使学习者终身受益。

5.2.2 相关案例

该教学案例中有新加坡某小学二年级共约 30 名小学生参与，通过一节时长为两小时的课，加强学生对 in，on，over，under，in front 和 behind 六个英文前置词的理解，并帮助他们能够自如地应用这些词语。该案例中使用的设备为 Microsoft Windows Mobile 2003 操作系统的 HP RX3715 型 Pocket PC，为了更充分地开展课例研究，还安装了 GoKnow TM 移动学习环境（黄龙翔，2012）。

课堂活动：

- 热身活动：将与上述词语相关的 6 道题目投影，让学生举手回答；全体同学合唱一首含有上述词语的歌谣。
- 课外活动：学生分成 6 组，每组 5 人，到校园中指定地点用设备拍照，设想需要用到上述词语的情境，并在 Pocket PC 上使用前置词对画面内容进行造句。限时 20 分钟。
- 课堂学习活动：教师预先准备"小红球"的故事，将其影印成册，但是所有的语句都空出半句话没写完。这半句需要学生发挥想象力，完成"小红球"六个情境的创造。学生完成创造后，使用 GoKnow TM 的动画工具描绘每一帧的画面，然后将每一帧的故事连接成简单的小动画。最后，与班内同学分享。限时 1 小时。
- 教师教学设想：教师经过深思熟虑，决定是否使用移动设备，避免"为了使用设备而使用设备"。学生自由构想并将想法描绘出来，充分发挥他们的想象力，充分考虑他们的个性，且未对教学造成负担。
- 学生学习反馈：保证人手拥有一台移动设备，使不同教学环节融为连贯的教学整体，同时，同学之间相互分享学习成果也更方便。

该案例属于典型的 1∶1 电子书包教学。这个学习过程是以建构主义学习理论为基础的。学习者被给予最大程度的自由，思维不受束缚。同时，先构思再用画笔将故事描绘出来的过程，既有助于锻炼学生的发散思维，又有助于提升学生的艺术素养，课堂的过程不再局限于灌输式的传统讲授模式。学习目标也不再局限于记忆等低层次的认知目标,而是达到了综合运用的高层次认知目标。在这样一个创新式的教学过程中,电子设备只是教学辅助工具,学生是主体,教师是引导者和促进者,而电子书包的作用是帮助教师开展教学活动,帮助学生完成学习任务。

5.2.3 学习活动设计指引

	Mobile and Ubiquitous Learning(移动学习与泛在学习)
教学目标		学生亲身体验移动学习后能提升对学习的兴趣;学生理解泛在学习的内涵,并有了自主学习的意识
教学流程	活动步骤	资源/工具
1. 教师讲解(10min)	①教师简略介绍移动学习的概念; ②教师给小组分配任务:教师在校园的不同角落设置了基站,学生可使用平板电脑扫描基站找到奖杯的线索,小组分头行动,最先找到奖杯的小组获胜	PPT
2. 室外活动(40min)	小组开始进行比赛	平板电脑(人手一台)
3. 课程活动(30min)	①教师将小组获得的线索(即知识点)进行放映; ②教师提出任务:搜集与所获知识点相关的更深层次的内容,每个小组建立一个学习社区,并共同向学习社区里添加内容,建成一个颇为成型的学习社区; ③所有小组可以在线向教师提问,甚至可以向相关领域专家寻求远程支持	平板电脑(人手一台)
4. 教师小结(15min)	①学生们交流之前活动的体会; ②教师对活动进行点评; ③教师引入泛在学习的概念,并对学生提出未来持续学习的期望	PPT
5. 讨论交流与课后作业(5min)	①对教师的讲解进行组内交流,将意见汇总到学习社区中; ②每个学习者写出对该堂课的学习感想,并在电子书包上提交	

参考文献

[1] 黄龙翔,陈文莉,吕赐杰,等.(2010).移动学习活动的属性分析:探讨学习活动设计的两个个案[J]. 中国电化教育 (02): 7-15.

[2] 贺平,郑娟,王济军(2013).电子书包应用现状与未来研究趋势[J]. 中国电化教育 (12): 52-56.

[3] 刘军,邱勤,余胜泉,等(2011).无缝学习空间的技术、资源与学习创新——2011 年第十届 mLearn 世界会议述评[J]. 开放教育研究 (06): 8-19.

[4] 余胜泉(2007).从知识传递到认知构建、再到情境认知——三代移动学习的发展与期望[J]. 中国电化教育 (06): 7-18.

[5] 张迪梅(2011)."电子书包"的发展现状及推进策略[J]. 中国电化教育 (09): 87-89.

[6] 张倩，章祥峰（2011）. 基于 Web 环境下的数字化书包——电子书包[J]. 图书馆界 (05): 11-13.

[7] 江丰光，熊英（2013）. 教师运用电子书包于课堂教学态度之研究[C]. 第 17 届全球华人计算机教育应用大会（GCCCE2013）研讨会论文集，5 月 27 日至 31 日中国：北京大学，245-248.

[8] 郑娟，江丰光（2013）. 电子书包项目中的教师培训方案设计与实施[J]. 中国教育信息化 (18): 8-11.

[9] 江丰光，郑娟，贺平（2013）. 电子书包满意度与需求调查——基于一线教师的视角[J]. 开放教育研究，(04): 68-73.

[10] 李晓庆，江丰光（2013）. 中国大陆、香港和台湾电子书包教学应用比较研究[J]. 中国电化教育 (12): 96-100.

[11] Tak-Wai Chan, Jeremy Roschelle, Sherry His, Kinshuk, et al. (2005). One-to-one technology enhanced learning: An opportunity for global research collaboration[J]. *Research and Practice in Technology Enhanced Learning*, 1(1): 3-29.

5.3 未来学习环境

5.3.1 未来学习环境

未来学习环境的设想源于课堂与教室的变革。就目前的教育形态而言，实体课堂仍是学校教学的主阵地、学生学习的主场所，要想进行教学活动的变革就必须从课堂本身入手。

发达国家对未来教室的研究较为成熟，他们将先进的科学技术融入到教室的设计与建设中。Kati 认为，未来的学习环境将会鼓励学生与他人合作，这些人可以是同学、老师，甚至就物理概念而言可以是在教室之外的人，而且不仅可以进行物理概念上的合作，还要进行思维互动与精神交流（Kati，2010）。例如，麻省理工学院的 Steam Café（Francisco，2007）是一个实体和虚拟结合、提供美味食物和促进社会交流的数字化学习共享空间建设项目，致力于为全校师生员工打造一个在紧张繁忙的教学、科研与学习之余可以舒缓心理压力的休闲好去处。参与式设计原则是 Steam Café 的核心，它还鼓励相互之间的合作，以"开放资源"的思想作为设计理念，并以较强的领导力作为坚强保障。斯坦福大学（Stanford University）则以三个合作空间（GroupSpace）实现课上课下联动式学习环境的建设，以大型的共享展示设备为基础，实现了人机的充分交互，减少了技术应用的障碍，使技术更好地融于应用当中。合作空间将合作软件技术与物理设施有效整合，使学生置身于高科技的合作空间，却没有距离感。好的未来教室的目标之一就是达到应用技术于无形。

目前国内对未来教室的定义并不多见，台湾《启动学习革命》一书中认为，"未来教室=无所不在的学习环境+电子书包+随意教室+远距实验室+高互动教室+相连教室"（宋卫华，2011）。华东师范大学张际平、陈卫东等认为，未来课堂将依据人本主义、互动、环境心理学等理论，结合信息、智能、人机交互等技术，充分发挥课堂组成各要素（人、技术、资源和环境等）的作用，以互动为核心，发挥课堂参与者的主动性、能动性，以和谐、自由发展的教与学的环境与活动为目标（陈卫东，叶新东，张际平，2011）。笔者综合国内外研究成果，总结出未来课堂是在响应创新人才培养的号召和新课程改革对课堂重构的要求和基础上提出的，以互动为核心，综合运用电子白板、投影技术、无线射频技术、智能空间技术、互联网技术等现代化手段营造云端信息环境，旨在建构充分发挥课堂主体的主动性、能动性，促进主体和谐、自由发展的教与学的环境与活动；教室格局的设计从过去的以教为中心和以学为中心转变为以人为中心（江丰光，孙铭泽，2014）。

未来学校的基础在于将信息技术引进教学现场，目的是创造一个信息随处可得的环境（萧福生，2011）。在此环境内，教师容易取得或制作教学的素材，学生则可以接收教师传递的信息，或通过网络取得丰富的学习资源。

5.3.2 相关案例

1. 麻省理工学院——Steam Café

麻省理工学院（Massachusetts Institute of Technology，MIT）位于美国马萨诸塞州的剑桥市，是美国一所培养高级科技人才及管理人才的高等学府，同时还是从事科学与技术研究的世界一流大学。它创建于1861年，经过150多年的发展，成为了与牛津、剑桥、哈佛等古典大学齐名的国际知名学府，获得了"世界理工大学之最"的美名（别敦荣，李晓婷，2011）。麻省理工学院的 Steam Café（见图5-20）是一个实体和虚拟结合、提供美味食物和促进社会交流的数字化学习共享空间建设项目，致力于为全校师生员工打造一个在紧张繁忙的教学、科研与学习之余可以舒缓心理压力的休闲好去处。Steam Café 的建设吸收和借鉴了在当前高等教育信息化领域广为接受的"开放资源"的思路，把各种各样的人们聚集到一起，借助集体的智慧和力量，以开放的姿态不断进行讨论和改善（Francisco，2007）。

图5-20 室内一角（Francisco，2007）

（1）技术装备

Steam Café 使用了各种先进的信息技术手段，主要包括以下三项：活跃的门户网站、摆放在摊位区域的等离子显示器以及无线接入设备。

①Steam Café 的网站是它的一个重要特色。它为客户提供了各种各样的便捷服务，用户利用它可以远程浏览日常菜单、检查作料，并提交反馈意见或新配方等。麻省理工学院当初建设 Steam Café 门户网站的出发点是设计一个简单明了、能自动防故障，而且具有较高审美品位的人机交互界面，其中尽可能不要有令用户费解、困惑的选择或信息出现。

②Steam Café 在座位区的中心展位上放置了等离子显示设备。尽管这种显示器早就存在，但麻省理工学院的创意者和设计师们赋予了它另外一种功能，即将它变成网络接入点，使用 Steam Café 的网站作为主页。正是在这个想法的引导下，建设者和网络工程师们才创建了一个对网站内容进行公开讨论的地方。这样一来，Steam Café 提供了一个超越虚拟网络、将网站变成公共空间的机会。这样就解决了个体挤在小屏幕的周围，或在线时单独工作的不足。当有关 Web 内容的各种即兴讨论发生时，观众或路人就可以收听或观看，这大大拓展了各种社会性交往的机会。

③各种无线接入设备。这主要得益于 MIT 无与伦比的无线网络。因为在 Steam Café，人们无论在哪儿都可以使用无线网络，所以 Steam Café 独特的特点在很大程度上影响了人们更倾向于选择在这里聚集。

（2）Steam Café 成功的原因

Steam Café 成功的原因大体可以归结为：热情的用户和工作人员。Steam Café 采取的关键策略之一就是建立一种主人翁的意识和能力，鼓励学生主动参与。美味健康的食物，以及创新、贴心的设计空间都吸引着无数拜访者。

（3）设计原则

由学生组成的一支设计团队为 Steam Café 设置了关键的目标，并为这些目标给出了限制条件。设计者们以健康饮食作为鲜明的主题，鼓励相互之间的合作，以"开放资源"的思想作为设计理念，并以较强的领导力作为坚强保障。将人们吸引并聚集在一个公共空间是 Steam Café 设计与建设的基本目标和指导原则。

①磁性：吸引人们聚集到一个共同的空间是一个潜在的目标和指导原则。

②密度和协作：一旦人们被吸引到这个空间，就要让他们坐得更加紧密一些。一个关键原则是利用有限的空间安放尽可能多的座位。座位的无靠背设计不仅节省了空

间，还允许人们转头与邻近的人进行交流。这种人性化的亲近设计让人们自然而然地进行交流。

③开源和领导力：参与式设计的原则是 Steam Café 的核心，这是最好的开源模式的体现。然而，领导力也是至关重要的：包括个人想法、专业知识、监督方向和标准。

2. 斯坦福大学——合作空间（GroupSpace）

斯坦福大学是世界上最著名的大学之一，作为一所私立研究型大学，它拥有大约 6 500 名本科生和超过 8 000 名研究生。几乎所有的本科生和大部分的研究生都在校内居住。因此，课上以及课下的学习环境的建设对学生的发展有很大的影响。在此基础上，斯坦福大学进行了一系列的未来教室的建设，其中就包括合作空间的建设。

斯坦福大学目前拥有三个公共的合作空间（Oblinger, D., 2006），分别是：梅耶图书馆合作空间（Meyer Library GroupSpace）、托伊大厅合作空间（Toyon Hall GroupSpace）、低年级学生合作空间（Freshman-Sophomore College（FroSoCo）GroupSpace）。其中，梅耶图书馆合作空间坐落于 24 小时开放的梅耶图书馆中，拥有配套的计算机和教师指导系统，它的特色是水滴形的学习桌，适用于个人学习和小组合作，并被 6*10 英寸的白板环绕。托伊大厅合作空间位于托伊大厅的多媒体室，同样也是 24 小时对学生和访客开放，并且配有模拟数字转换站和液晶显示仪，用于学生展示和软件操作。低年级学生合作空间，除了拥有与托伊大厅和梅耶图书馆一样的基础设施外，还拥有笔记本电脑、激光打印机、扫描仪、白板等设备。我们可以了解到，斯坦福大学的公共合作空间都是保证 24 小时全天开放的，并且都配备特殊的课桌，以方便学生进行交流。同时，最关键的是该合作空间的电子设备配备齐全。硬件是应用的重要部分，而技术手段才是最关键的。

（1）技术装备

斯坦福大学的合作空间可以实现以下几个主要的技术功能。

①共享显示：用户可以轮流控制大型公共显示器，可以将自己的作品展示出来以便进行讨论、交流。

②共享文件或网页：可以通过拖动文件或者 URL 地址到菜单共享文件。

③跟踪会话工作：用户可以捕捉和参加协作会话，并对日志等添加评论。

④学术课堂：学生可以协同使用网上和图书馆的资源。同时他们也可以彩排小组的展示，这些都用于促进小组协同工作。

⑤住宅教育：小群体的学生社区建设项目，即学生可以在宿舍或其他社区环境中使用合作空间模式。

⑥学生组织项目：斯坦福大学有 500 多名学生注册了学生组织。他们都可以通过协同多媒体项目进行小组合作。

⑦学生休闲活动：学生可以进行多人游戏或者小群体的娱乐活动，但这些活动优先级较低。

梅耶图书馆合作空间拥有两个 42 英寸的显示器以及其他展示设备——主机电脑和客户端电脑，以及日志软件和无线网络。主机电脑主要给用户客户端提供应用程序，管理用户信息和交互应用。主机服务器提供了配置服务和配置文件，只有在一定区域内的用户才可以创建对话。日志软件和无线网络保证了学生对数据的下载和交互。

（2）GroupSpace 成功的原因

在 2006 年评价活动中，大多数学生表示在这样的软件和硬件条件下，他们的合作变得更加有效，并且在多媒体演示的有效性中也体现了巨大的差异。是什么导致了这样的效果？在今天的网络土著开展学习的过程中，学生更倾向于小组合作，并且更喜欢技术的应用。这三个合作空间都拥有不同的物理设计，尽可能满足每个人的工作需要，降低学习障碍。

（3）设计原则

斯坦福大学合作空间的特色在于（Shih et al., 2004），他们实现了人机的充分交互，减少了技术应用的障碍，使技术更好地融于应用当中。合作空间将合作软件技术与物理设施有效整合，学生置身于高科技的合作空间中，却没有距离感。好的未来教室的一项目标就是达到应用技术于无形。

5.3.3　学习活动设计指引

未来教室与未来学习环境	
活动目标	能够理解未来教室与未来学习环境变革的意义； 能够掌握未来教室设计的基本原则； 能够了解优秀的未来教室应该具备的特点； 能够了解如何应用未来教室促进课堂教学效果

续表

活动内容及时间	活动步骤	资源/工具	设计思路说明
1. 课堂引入 【10min】	教师提问：你们是否了解或想像过未来教室的样子？你认为有哪些技术将被应用到未来的教学环境中？	PPT	激发学生对已学知识的反思，产生对未来学习环境的好奇心，反思未来教室对于未来教学的意义
2. 案例指导 【20min】	1. 播放英特尔公司未来教室的视频； 2. 教师提问：你们在视频中发现哪些教学方式或者教学技术应用在未来教室中？写在便签上，贴在白板上	视频，便签，白板	播放未来教室的视频，使学生脑海中形成未来教室的真实印象，并吸引学生的注意力，呈现未来发展的可能性 鼓励学生思考应用在未来教室中的具体教学理论，理解未来教室的设计构想
3. 教师总结，引入课堂知识 【20min】	1. 教师对学生们的回答进行总结，归纳出视频中主要应用的教学方式和新的教学技术； 2. 介绍本节课的基础知识： 未来教室的概念； 成功的未来教室的案例及其中应用的技术原则、成功的原因； 如何将未来教室与课堂内容有机融合	PPT，教材	在引导学生回答之后，强化学生的正确理解，总结未来教室应用的主要教育理念和技术手段 帮助学生从概念上了解什么是未来教室，如何将这样的概念应用到教学当中，如何应用这样的新技术达到更好的教学效果
4. 组织教学活动 【15min】	教师发布新的教学活动：学生以四个人为一组，在有限时间内，设计一个基于未来教室主题的教案。教学内容不限，为学生提供若干小学教材以供参考。在Word上录入每个小组的设计，以便分享和汇报 汇报包括：未来教室所应用到的技术，课堂流程、本设计的优势和可行性	电脑若干，小学教材若干本	基于以上学习的案例和概念，学生们尝试自己进行设计和思考。在了解未来教室的设计原则之后，与同学进行探讨、交流，这样能促进学生们对知识的理解。基于设计理念进行实际设计，可以辅助学生加强对知识的理解，能够尝试设计真正的未来课堂
5. 分享与总结 【15min】	1. 每一个小组派出一名同学展示本组的设计成果，讲解本设计的特色和优势； 2. 同学互评：教师邀请其他小组成员对这组的成果进行评价，说出他们的优点和缺点	大屏幕	鼓励学生进行意见交流，丰富其对知识的理解。在其他小组的设计中反思自己的不足，学习他人的优势。从而反思自己对未来教室的理解，巩固自己对设计原理的理解
6. 教师点评与总结【10min】	1. 教师对每个小组的成果进行点评，指出学生们设计的合理之处和不足之处，并给出修改的建议； 2. 总结本节学习的内容，回顾重点知识； 3. 鼓励学生课下收集资料，关注未来教室动态，并尝试修改本节课的设计	PPT	客观地辅助学生反思自己设计的优势和劣势，鼓励学生进行修改并进行二次设计。梳理本节课内容，帮助学生形成系统化的知识系统。激发学生的学习兴趣，鼓励大家持续关注未来教室的动态

参考文献

[1] 江丰光，孙铭泽（2014）．未来教室的特征分析与构建[J]．中小学信息技术教育 (09): 29-3.

[2] 别敦荣，李晓婷（2011）．麻省理工学院的发展历程、教育理念及其启示[J]．高等理科教育 (02): 52-60.

[3] 陈卫东，叶新东，张际平（2011）．智能教室研究现状与未来展望[J]．远程教育杂志 (04): 39-45.

[4] 宋卫华（2011）．未来教室的构建及应用探讨[J]．中国信息技术教育 (Z2): 123-126.

[5] 萧福生（2011）．基于未来教室的未来学校[J]．中国信息技术教育 (11): 10-13.

[6] Francisco S. (2007). CHAPTER 27: Steam Café [A]. In Oblinger, D.G. (Ed), *Learning Spaces* [C]. Washington, D.C.: EDUCAUSE.

[7] Kati Mäkitalo-Siegl. (2010). Classroom of the Future. *Sense Publishers* [A]. Netherlands. Oblinger, D. (2006). *Learning spaces* (Vol. 2) [C]. Washington, D.C.: EDUCAUSE.

[8] Shih C C, Fox A, Winograd T, et al. Teamspace: a simple, low-cost and self-sufficient workspace for small-group collaborative computing[C]//Submitted to the Conference on Oblinger D. Learning spaces[M]. Washington, DC: Educause, 2006. Computer-Supported Cooperative Work. 2004.

5.4 未来教育

《教育发展趋势报告》(The Book of Trends in Education)中提出，未来教育的关注点包括以下几个方面。从获得知识的途径出发包括：移动学习、基于云端的学习、开放资源学习、个性化学习；从学习经历出发包括：基于项目的学习、关联导向式学习、基于游戏的学习、寓教于乐（Edutainment）和技术讲故事；从学习方向出发包括：以学生为中心的学习、STEM 教育、终身学习、非正式学习、室外教育、回归职业教育；从获得数据的新方式角度出发包括：视觉搜索与学习、增强现实、基于手势的学习、零食式学习、基于大脑的学习；从师生角度出发包括：翻转课堂、虚拟学习助理；从生生关系角度出发包括：社交媒体学习、合作式学习、同伴学习等。需要阐明的是，这些概念并不是平行的，也不是非此即彼的关系。比如，增强现实只是一种加深学习者印象的方式，投影出栩栩如生的场景，可以用在许多课堂上，也可以用在教室之外的学习。可以看出，教育未来发展的趋势注重多元能力培养，注重学生的主体地位，注重学习方式的多样性以及科技在教育中的应用。学习方式各有针对性，需要通过评估学习需求后再进行选择。

同时，不仅需要考虑将不同的学习方式、策略或技术运用于不同的领域，也需要考虑将不同的学习方式、策略或技术用于不同年龄段的学习者。移动学习和泛在学习往往是联系在一起的，而泛在学习更倾向于碎片化的知识，如零食式学习。或者说，移动学习、泛在学习的起始目的是为了快速获得所需要的信息，然后在这个获得的过程中，提升移动学习能力。基于云端的学习和开放资源学习很容易就能与远程教育联系起来。远程教育无疑具有广阔的发展前景，但也存在尚待克服的问题。个性化的学习环境顺应了近年来学习者个性受到重视的趋势。比如基于项目的学习，培养了学习者的合作能力。又如，关注各年龄段的学习者，迎合低龄段学习者喜爱玩耍、自控力较差的特点，还提出了寓教于乐等学习方式。从师生角度出发可以看出，学生的主体地位在不断提升。

5.4.1 未来校园

科技的发展日新月异，势必会带动教育的变革。随着虚拟现实、智能空间技术、物联网等技术的日益成熟，如果能将其与教育教学完美融合，那么未来的学习环境会发生翻天覆地的变化。很多国家已经对此展开积极的研究与尝试，开始探索未来校园的结构设计。比如 Orestad College 是丹麦第一所基于教育系统改革而建成的学院（见图5-21），该学院主要面向16~19岁的学生，致力于为学生营造一个能够交流、互动、协同学习的良好环境，将自学与小组学习相结合，让学生学会为自己的学习负责。

图 5-21　Orestad College

（来源：http://conceptrends.com/2008/04/03/the-school-of-the-future/）

未来校园的主要特点

（1）将先进技术融入课堂

每一次技术的进步都带动了教育的革新，在先进技术的支持下，不断涌现出新型的教学模式与学习模式（江丰光，孙铭泽，2014）。同时，将科技与教育相结合会使未来学习更高效、便捷。交互式电子白板将代替传统的黑板，教师可从储存在云端的资料库中快速获取丰富的教学资源。通过平板的智能学习管理系统，教师能够轻松获取每位学生的学习进度与知识点掌握情况。虚拟现实、3D打印机、云计算、多点触控显示器等先进的技术与设备都将融入课堂，最大程度地为教育教学服务。

（2）自然生态的学习环境

未来校园会将学习空间从室内延伸到室外，关注校园的生态环境，为学生营造出充满绿色、贴近自然的学习空间。未来校园将使用可降解、循环的建筑材料，充分利用太阳能资源为整个校园提供能量（Ahmed, S. & Parsons, D., 2013），即绿建筑概念，如图 5-22 所示。学校周围有花园、湖泊、小树林等，构建出宁静、恬淡的空间供学生学习或放松。

图 5-22　绿建筑校园

（来源：http://www.gizmag.com/classroom-of-the-future/21295/）

（3）放松舒适的讨论区

除了教室、实验室等正规的学习环境，未来校园会同时关注休息室、走廊等非正式学习空间的设计，努力为学生营造出放松、舒适的环境。比如丹麦 Orestad College 为学生设计的休息区（见图 5-23），环状的白色沙发上，放置了很多橘黄色的矩形枕头供学生学习或休息（Fairs, M., 2007）。同时，WIFI 全面覆盖该休息室，学生可以随时连接无线网络查找资料或自主学习。

（4）多学科交叉融合

未来的课程将更关注多种学科的交叉融合，培养学生的探究意识与自主创新能力。该理念的典型代表是美国于 1986 年在《本科的科学、数学和工程教育》中提出的 STEM（Science，Technology，Engineering，Mathematics）学科集成战略（钟柏昌，张丽芳，2014），旨在培养具备专业知识与科学素养的美国公民，使参与课程的学生在利用学科知识解决问题的同时，培养创新、设计与合作能力。在未来的学校中，将出现越来越多的类似 STEM 的多学科融合课程。如图 5-24 展示的一堂生物课，学生除了学习短吻鳄相关的生物知识，同时培养了其物理搭建能力与编程思想。小组之间的合作交流培养了学生的团队意识，这些都是 21 世纪的人才所必须具备的能力素养。

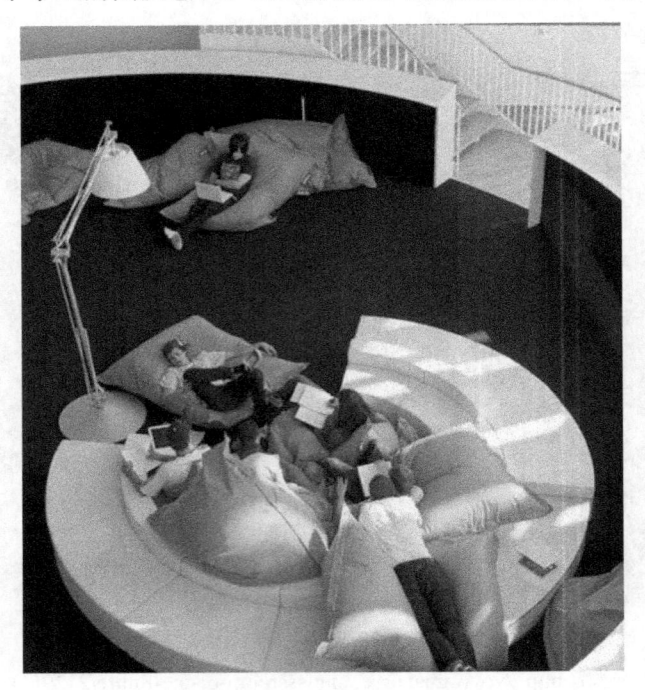

图 5-23 Orestad College 学生讨论、休息区
（来源：http://conceptrends.com/2008/04/03/the-school-of-the-future/）

图 5-24 整合的生物课

5.4.2 相关案例（Steve Jobs School）

2013 年 8 月，荷兰开设的 7 所乔布斯学校（Steve Jobs Schools）正式开始上课。该校的办学理念是让孩子们准备好面对明天的世界。在这所学校里，孩子们能够接受到最先进的教育理念与教育方法，除了掌握普通小学里教授的课程外，他们还能够挖掘自己的天赋，培养适应未来社会的技巧。

1. 乔布斯学校简介

（1）办学目标：

通过采取最新的、创新型教学方法与最先进的教学工具，挖掘每位学生的最大潜能，并教会他们成功应对未来世界最重要的技巧。

（2）学校形态：

①虚拟学校（The Virtual School）

虚拟学校对学生全天候开放，学生只需通过平板电脑即可连接进入虚拟学校。在虚拟学校中，学生既可以独立完成作业，也可以完成小组任务。这种新型的教学方式与广泛的学习资源确保了学生高效、独立、长时间的学习，从而获得更理想的学习效果。

②实体学校（The Physical School）（见图 5-25）

图 5-25　荷兰乔布斯学校

（来源：http://stevejobsschool.nl/differences-with-a-regular-primary-school/）

与传统的学校不同，这些学校的教室并没有统一的大小，年级也不是根据学生的年龄划分。这里的教室由很多大大小小的工作室（studios）组成，用以实现不同科目的学习。其中有六个工作室是必需的：语言工作室（Language Studio）、数学工作室（Mathematics Studio）、创造力工作室（Creative Studio）、实验室（Lab, Studio for technology, Chemistry, Biology）、世界方向工作室（World Orientation Studio: Geography and History）与舞台工作室（Stage: Music, Dance, Drama, etc.）。学校只在周一至周五开放，一年共 50 周。室内、室外建有供学生运动和娱乐的场所，并且室外还种植了很多花草树木，养了很多小动物。同时，每所学校还提供一个专门的区域供学生安静地学习。

（3）教学组织形式

学生在学校内不分年级，而是被分成两个核心小组（Core Groups），每组 20~30 人，活动时间为上午 10:30 至下午 2:00。每个组内有各个年龄段的学生（年龄差不超过三岁），并配有 1~2 个教学指导人员（Coaches）（见图 5-26）。教员会定期与学生交谈，掌握学生的学习情况并为学生解答疑惑。同时，家长也在孩子们的教学活动中发挥着重要的作用。他们不但需要随时跟进孩子们的学习进程，还需要基于自己的职业、爱好等开展一些工作坊（Workshop）。每个学生都有自己的个人发展计划（Individual Development Plan），并且每六周更新一次，判断上一阶段的目标是否达成并制定下一阶段的目标（"Day-to-Day", 2014）。对于需要记忆与练习的知识点，学生主要通过 iPad 上的软件完成，这使得在某领域有天分的学生能够充分发挥自己的潜能，而不会被周围同龄人的步调束缚。

图 5-26　荷兰乔布斯学校上课情形

（来源：http://stevejobsschool.nl/education-professionals/）

（4）日程安排

通常情况下，一天的日程安排如下。

从学校开门到上午 9:30：学生的到校时间；

9:30—10:00：不同年龄的学生聚集到自己的核心小组，并由一个全职教师或两个兼职教师指引；

10:00—14:30：每个学生按照自己的学习计划开展学习活动，包括独立任务、核心小组活动与工作室内的学习（见图 5-27），中间包括午餐；

14:30—15:00：学生返回自己的核心小组，开展一些小组活动，比如唱歌或辩论，也可以围绕新闻或学校里发生的事儿进行讨论；

15:00 后：学生可以留校继续选择一些他们喜欢的活动，但放学后工作室（Workshops）不再开放。

图 5-27　荷兰乔布斯学校教室内活动情况
（来源：http://stevejobsschool.nl/）

（5）教学工具

➢ sCoolTool[TM]：如图 5-28 所示，该工具是学生的日程安排表，同时可检测学生是否在校并详细定位。工具内详细记录了学生的个人发展计划，以便家长随时了解孩子的学习进程。

图 5-28　学习工具 sCoolTool™

（来源：http://issuu.com/bookshelf/docs/how_to_build_a_steve_jobsschool_eng）

> ➢ iDesk Learning Tracker™：如图 5-29 所示，此工具记录了学生使用教育 APP 完成学习任务的日常表现，教师与家长均可获取这些数据。同时，也可与其他使用同类 APP 的学生进行学习结果的比较。

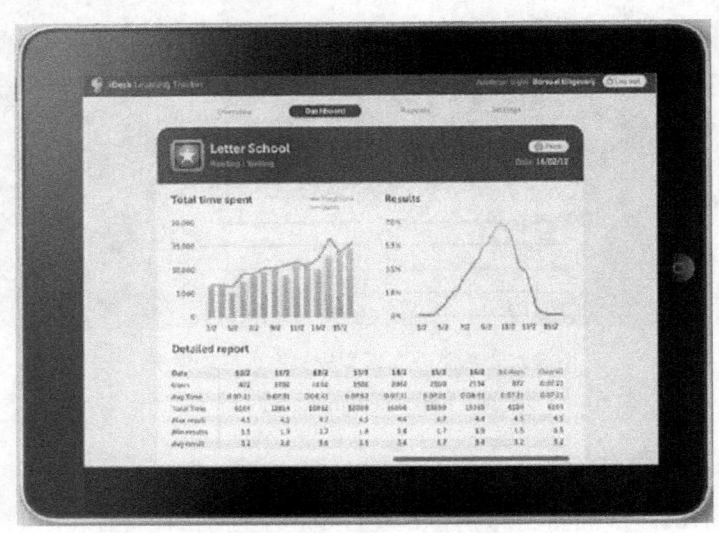

图 5-29　iDesk Learning Tracker™

（来源：http://issuu.com/bookshelf/docs/how_to_build_a_steve_jobsschool_eng）

> ➢ sCoolProjects™：如图 5-30 所示，该工具能够使学生们合作完成小组项目，通过与老师或其他人沟通，最终得到最好的项目结果。同时，项目完成后，

其他成员可以获取项目结果。

图 5-30　sCoolProjects™

（来源：http://issuu.com/bookshelf/docs/how_to_build_a_steve_jobsschool_eng）

➢ sCoolSpace™：如图 5-31 所示，该工具是一个虚拟的校园，学生通过它可以在任何地方与同校的同学进行交流（"How to build"，2014）。

图 5-31　sCoolSpace™

（来源：http://issuu.com/bookshelf/docs/how_to_build_a_steve_jobsschool_eng）

• 131 •

2. 乔布斯学校的办学特点

（1）为每个学生提供个性化学习

在乔布斯学校，每个学生都是独立的个体，都具备独特的天赋，与其他学生之间不存在比较。在这里，教员会为每个学生制定自己的学习计划，倾听并尊重学生想要学习的内容，并且学生具有选择何时学习这些知识的权利。通过乔布斯学校所提供的丰富、多样化的学习环境，学生能够从中发现自己的天赋并继续按照自己的步调学习，发挥自己的优势与长处。每个孩子的天性与灵性都能在这所学校得到最好的发挥。

（2）教师、家长、学生三方共同参与

与传统学校不同，在乔布斯学校中，教师与家长对孩子的学习与成长发挥着重要的作用。家长不但要随时跟进孩子的学习情况，还需要阶段性地与教师共同制定孩子的个人发展计划。个人发展计划对于孩子的成长是非常重要的。一方面，它确保制定的计划适合孩子的学习特点；另一方面，家长与学生也能够准确了解现阶段的学习目标，并看到学生在各科学习中的进步。通过 sCoolTool、iDesk Learning Tracker[TM]、sCoolProjects[TM]、sCoolSpace[TM]等学习工具，学生能够得到学习指导，根据自己的爱好选择相应的工作室进行学习，家长也可以随时、详细地了解孩子的学习进程。

（3）充分利用数字设备开展教学活动

如今的儿童多数生长在数字世界，通过互联网可以找到任何自己感兴趣或是想要学习的知识。因此，在乔布斯学校，iPad 代替了传统的纸质教材。利用苹果公司开发的一系列辅助学习的软件，学生全部进行数字化的学习活动。学生也会使用纸笔书写文字，但是时间上会比传统学校缩短很多。电子书包将信息技术与教育融合在一起，从而引起了教学模式的改变（徐显龙，等，2013）。目前，很多国家都在积极推进电子书包进入课堂，给学生带来全新的学习体验。

（4）新型的教学理念

乔布斯学校的培养目标是让孩子有能力去应对以后的世界。因此，交流与合作时刻渗透于学生的学习活动中，并且通过小组展示等活动，学生逐渐掌握并熟悉演讲的技巧。在迅速发展的信息化时代，我们发现几乎所有知识都能在网络中获取，因此，在纷繁复杂的信息世界中迅速提取自己所需要的资源，这种能力对于每一位学生来说都是必须具备且至关重要的。从第一次踏入乔布斯校园，孩子们就已经开始培养自己的批判性思维与信息检索能力。除此之外，乔布斯学校还会通过各种学习活动，不断激发学生的创造力与独创性，使每一位学生的潜力都得到最大程度的发挥。

5.4.3 学习活动设计指引

<table>
<tr><td colspan="3" align="center">Future School（未来学校）</td></tr>
<tr><td>教学目标</td><td colspan="2">能够理解未来学校的基本理论；
能够拓宽视野，主动构建自己心中未来学校的模型</td></tr>
<tr><td>教学流程</td><td align="center">活动步骤</td><td>资源/工具</td></tr>
<tr><td>1．小组讨论与分享【25min】</td><td>①老师提出问题：你认为现在的校园有什么缺点？你所希望的未来校园是什么样子的？
②小组内进行头脑风暴式的讨论，分别将缺点与自己的构想写在白板上（15min）；
③选择一个小组汇报讨论结果，其他小组进行补充（10min）</td><td>白板</td></tr>
<tr><td>2．教师讲解【10min】</td><td>教师播放两段小视频：Intel 的未来教室、Intel 的一对一数字化学习</td><td>视频</td></tr>
<tr><td>3．小组活动【20min】</td><td>①针对教师播放的视频，组内讨论交流：未来的教学有什么特点？对你有什么启发？
②各组将自己的观点记录在白板上（10min）；
③全班进行展示与交流（10min）</td><td>白板</td></tr>
<tr><td>4．教师讲授【10min】</td><td>教师为学生系统地介绍未来学校的理论知识，随时与学生进行互动</td><td>PPT</td></tr>
<tr><td>5．经典案例分析【30min】</td><td>①教师播放乔布斯学校的官方介绍视频；
②教师为学生介绍乔布斯学校的办学方式与教学模式（15min）；
③针对观看的视频与教师的讲解，小组内讨论交流：乔布斯学校的特别之处在哪里？对你有何启发？并记录在白板上（10min）；
④全班进行展示与交流（5min）</td><td>视频
PPT
白板</td></tr>
<tr><td>6．教师总结【5min】</td><td>①教师总结乔布斯学校的特点；
②学生课下自主搜集资料并构想未来学校的蓝图</td><td>PPT</td></tr>
</table>

参考文献

[1] 江丰光，孙铭泽（2014）．未来教室的特征分析与构建[J]．中小学信息技术教育 (09): 29-32.

[2] 徐显龙，苏小兵，吴永和，等（2013）．面向电子书包应用的课堂教学行为模式分析[J]．现代远程教育研究 (02): 84-91.

[3] 钟柏昌，张丽芳（2014）．美国 STEM 教育变革中"变革方程"的作用及其启示[J]．中国电化教育 (04): 18-24.

[4] Ahmed, S., Parsons, D. (2013). Abductive science inquiry using mobile devices in the classrooms [J].

Computers & Education, (63): 62-72.

[5] Fairs, M. (2007, October 19). Orestad College, Copenhagen, by 3XN architects. Dezeen Magazine. Retrievedfrom http://www.dezeen.com/2007/10/19/orestad-college-copenhagen-by-3xn-architects/. Copyright @ Dezeen Limited 2006-2010. 2014. Day-to-day affairs in the Steve JobsSchool. Retrieved from http://issuu.com/bookshelf/docs/de_gang_ van_zaken_op_de_fysieke_sch_80e6f03a5bc962.2014. How to build a Steve JobsSchool. Retrieved from http://issuu.com/bookshelf/docs/how_to_build_a_steve_jobsschool_ eng.

附录 A

1. 学习科学国际组织

学习科学国际协会 International Society of the Learning Sciences

URL：https://www.isls.org/

网页

图 A-1　学习科学国际协会网站主界面

简介

学习科学国际协会是致力于研究学习的专业协会。它关注对现实环境中的学习进行交叉学科实证研究，以及怎样使用技术（或者不使用技术）使得学习更容易。

学习科学国际协会由各个领域的成员组成，包括认知科学、教育心理学、计算机科学、人类学、社会学、信息科学、神经科学、教育学、设计学、教学设计以及其他领域。协会现在有来自六个洲的科学家，为跨国合作提供了大量机会。

2. 学习科学国际会议

（1）学习科学国际会议 International Conference of the Learning Sciences

网址：https://www.isls.org/conferences/icls

　　　https://www.isls.org/icls/2016/（2016年会议网址）

网页

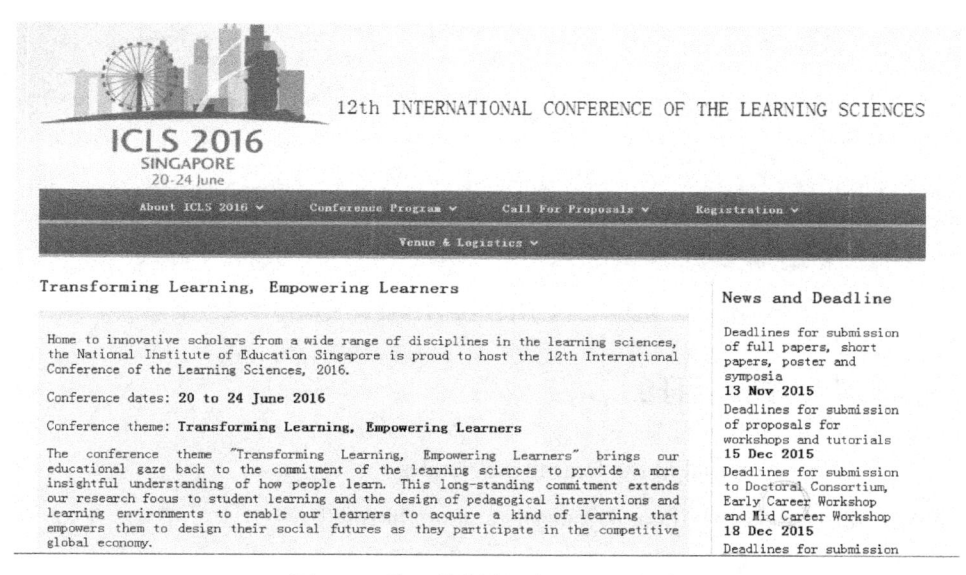

图 A-2　学习科学国际会议2016年会

简介

学习科学国际会议首次于1992年召开，并且自1996年后每两年召开一次。会议以主题演讲、座谈会、研讨会等形式举办，接受论文、海报等投稿。每年都会囊括学习科学整个领域中实时、重要的事件，并且在会上汇报最近的研究成果。

（2）计算机支持的协作学习国际会议 International Conference on Computer Supported Collaborative Learning

网页 http://www.isls.org/cscl2015/（2015年会议网站）

简介

计算机支持的协作学习国际会议是由学习科学国际协会组织的两年一次的重要国际会议。会议汇集技术支持的协作学习所有领域的人，包括研究、教育、训练与技术等。它关心在实证、理论等视角下以及技术支持环境下开展协作学习的本质。

学习科学与技术

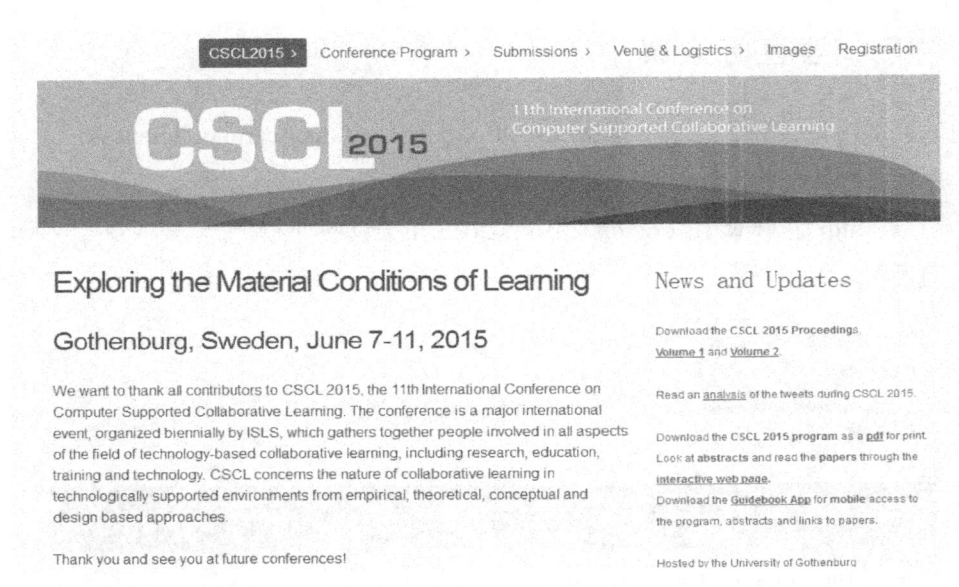

图 A-3　计算机支持的协作学习国际会议 2015 年会

3. 学习科学国际期刊

学习科学杂志　Journal of the Learning Sciences

网址：http://www.tandf.co.uk/journals/authors/hlnsauth.asp

网页

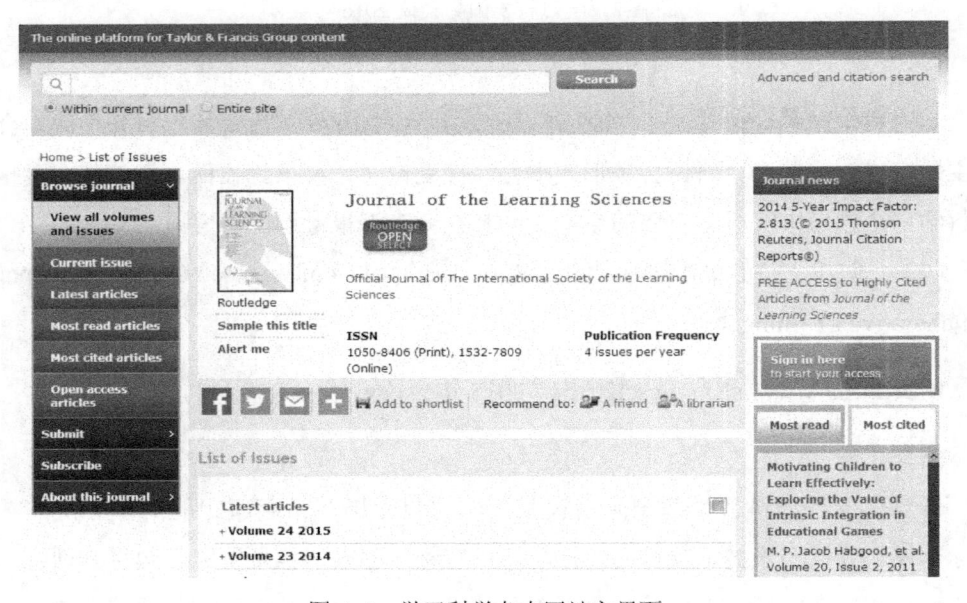

图 A-4　学习科学杂志网站主界面

简介

学习科学杂志提供了一个可以展示和讨论教与学研究的跨学科论坛。杂志的重点聚焦于既能改变我们对学习的理解又能影响教育实践的重要观点上。文章通常在认知科学、教育心理学、认知心理学、人类学、教育和社会文化研究等领域视角下，对人如何学习的新观点进行严格分析。但是，所有的研究基本都聚焦于学校内外关于学习的过程、工具、内容、结果等的理解。

4. 学习科学系所比较

（1）学习科学的研究现状

目前，学习科学的研究机构主要分布在北美洲的高校。其中比较著名的学校有哥伦比亚大学、西北大学、麦吉尔大学、爱尔兰国立大学、卡内基梅隆大学、乔治亚理工学院和印第安纳大学等。

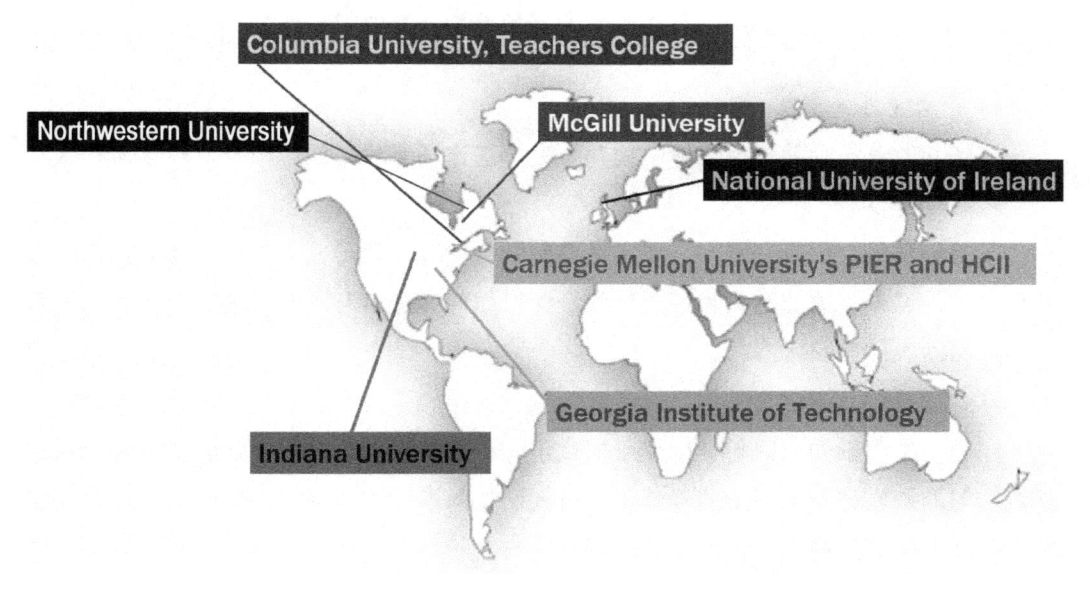

图 A-5　学习科学研究机构的分布

由于各高校的学习科学属于不同院系，所以不同国家学习科学的课程结构和授课教师的专长有所不同。目前，各国高校将学习科学设置在了信息学院、教育学院或者传播教育科技学院等。虽然不同国家对学习科学的定位不同，但是它们有着相同的观点，即学习科学是一门可以研究的科学，是一门跨越领域整合的科目，学习科学的最终目的是研究出具有适应性且最有效的学习方法。

（2）国外学习科学的比较

①教育目标

- 卡内基梅隆大学

理解和创造的技术协作，提高人的能力、目标和社会环境，通过设计的跨学科研究和教育、计算机科学、行为与社会科学。以设计、信息工程、行为社会学科等跨学科的研究，尝试创造出符合增进社会环境与人类生活的科技。

- 哥伦比亚大学

培养学生处理现在和未来的新媒体的能力，塑造教育在信息和通信技术中的创新，在教育和社会上发挥积极的建设作用。

- 西北大学

从认知、设计与社会文化三个方面进行学习与开展相关研究。汇集认知科学、教育与计算机科学三个领域的学者专家，强调教学设计、技术、社会政策创新以及设计有效的教与学的环境。

- 乔治亚理工学院

了解并改善教师的学习环境，构建家庭、工作场所和其他虚拟及体验学习社区。

- 麦吉尔大学

学习科学侧重于研究发生在现实世界的学习情况，学习发生于正式与非正式结合的环境中，调查相关的认知和情感过程，探讨如何促进学习，改善教学设计的环境和材料，帮助人们学习。

- 印第安纳大学

印第安纳大学的学习科学研究所提供了一种新的课程设计方案，并认定学习科学是对学习的探索和学习环境的设计，探讨人们如何学习以及影响人们学习之间关系的因素，使人们更好地学习。

- 爱尔兰国立大学

培养高技能的毕业生，让他们拥有一系列的研究和关系技巧、构思、设计，另外，将咨询和通信技术用在不同的教育背景和环境中，创造合适的学习环境来提高学习效果。

- 威斯康熙麦迪逊

夯实学习科学中研究、原则和理论部分，作为今后职业生涯中成长的坚实基础；

提高应用学习科学方法与理论解决课堂教学、职业教育、知识获取中问题的能力与技巧；加强进行高质量教育研究的能力，为学术文献做出巨大贡献；培养研究认知学习过程中的必要技能。

- 范德堡大学

培养学生以学科融合的视角看待问题，并将多领域知识融入环境设计的专业技能。将学习环境的设计、分析、开发应用到教育实际中。

②学习任务

九所学校中培养学习科学研究生的学习任务各有不同，具体如表A-1所示。

表A-1 学习科学的学习任务

卡内基梅隆大学	哥伦比亚大学	西北大学	乔治亚理工学院	麦吉尔大学	印第安纳大学	爱尔兰国立大学	威斯康熙麦迪逊	范德堡大学
1. 学生能力的提升；2. 教育、计算机科学、行为与社会科学等学科的结合；3. 在各种情况下知识和技能的应用；4. 尝试创造出符合增进社会环境与人类生活的科学技术	1. 培养学生处理现在和未来技术的能力；2. 塑造教育在信息和通信技术中的创新性；3. 在教育和社会上发挥积极的建设作用	1. 教育、计算机科学、行为与社会科学等学科的结合；2. 分支包括研究能力、教学与培训、软件开发、学校管理与学习环境变革	1. 了解并改善教师的教学环境；2. 构建家庭、工作场所，以及其他虚拟和体验学习社区	1. 侧重于研究发生在现实世界的学习情况；2. 学习发生在正式与非正式结合的环境中；3. 调查相关的认知和情感过程；4.探讨如何促进学习，改善教学设计的环境和材料	1. 认定学习科学是学习的探索和学习环境的设计；2. 探讨人们如何学习，以及影响人们学习的因素，使人们更好地学习	1. 培养高技能的毕业生；2. 借助通信技术创造出适合不同教育背景和环境的学习方法	1. 夯实学习科学中的研究、原则和理论基础；2. 应用学习科学方法与理论解决实际问题；3. 进行高质量教育研究	1. 培养学生跨学科思维能力；2. 通过与教师、同学的协作，设计、分析、开发改善学生学习的环境

通过观察发现，在不同学校中学习科学的相同点在于大多数的教学目标都放在研发创新技术来改善学习环境。不同点在于研究方向的侧重点不同，有的学校侧重于ICT技术的应用，有的学校侧重于教学环境的改善，还有的学校侧重于在线教育的研究。

③师资情况

九所学校中学习科学教师的专长各有不同，具体如表 A-2 所示。

表 A-2　教师的专业

卡内基梅隆大学	哥伦比亚大学	西北大学	乔治亚理工学院	麦吉尔大学	印第安纳大学	爱尔兰国立大学	威斯康熙麦迪逊	范德堡大学
社群运算 电脑辅助语言学习 人机互动 认知心理学	数位传播科技 认知心理学 科学教育 生物教育	人机交互 学习科学与技术设计 认知心理学 科学与数学教育 计算机科学 媒体艺术与科学	社群运算 电脑辅助语言学习 人机互动 认知心理学	教育研究法 教育心理学 人机互动 计算机网络 数位学习 多媒体教学设计	教育研究法 教育心理学 人机互动 计算机网络 数位学习 多媒体教学设计	教育研究法 教育心理学 人机互动 计算机网络 数位学习 多媒体教学设计	人机互动 媒介艺术与科学 认知与计算机科学 认知心理学 发展心理学	教育学 教育心理学 学习科学

卡内基梅隆大学和乔治亚理工学院的教师专长在于信息技术专业，麦吉尔大学、印地安纳大学和爱尔兰国立大学的教师专长是教育心理学，而哥伦比亚大学教师的专长是多媒体传播专业。

④课程设计

由于九所学校将学习科学安排在了不同的学院中，所以他们的课程设计也存在一定差异，如表 A-3 所示。如信息技术学院注重学习科学中计算机和智能化专业知识的积累，教育学院注重学习科学、教育学和心理学知识的积累，而传播咨询科技学院注重多媒体、传播、教育和科技在教育中的应用。

表 A-3　不同学校的课程设计侧重点

卡内基梅隆大学	哥伦比亚大学	西北大学	乔治亚理工学院	麦吉尔大学	印第安纳大学	爱尔兰国立大学	威斯康熙麦迪逊	范德堡大学
心理学 商学 工业设计 视觉设计 实习	传播学 信息技术 科技与教育 科技与文化 教育学	学习科学 教育技术 学习环境设计 信息技术	学习科学 电子书设计	教育心理学 学习科学	学习科学 教育技术	学习科学	心理学 计算机科学 课程与教学	推断统计 教与学 教育调查 研究方法 学习环境设计

九所学校的网址

卡内基梅隆大学 Carnegie Mellon University	http://www.cmu.edu/
哥伦比亚大学 Columbia University in the City of New York	http://www.columbia.edu/
西北大学 Northwestern University	http://www.northwestern.edu
乔治亚理工学院 Georgia Institute of Technology	http://www.gatech.edu/
麦吉尔大学 McGill University	http://www.mcgill.ca/
印第安纳大学 Indiana University	https://www.indiana.edu/
爱尔兰国立大学 National university of Ireland	http://www.nui.ie/
威斯康熙麦迪逊 University of Wisconsin-Madison	http://edpsych.education.wisc.edu/
范德堡大学 Vanderbilt Peabody College	http://peabody.vanderbilt.edu

5. 学习科学学术机构网站

（1）视觉语言与视觉学习学习科学中心

The Science of Learning Center on Visual Language and Visual Learning (VL2)

http://vl2.gallaudet.edu/

哥劳德大学 Gallaudet University

（2）空间智力与学习中心

Spatial Intelligence and Learning Center

http://www.spatiallearning.org

坦普尔大学 Temple University

（3）学习的时间动力学学习科学中心

The Temporal Dynamics of Learning Center

http://tdlc.calit2.net

加利福尼亚大学圣迭戈分校 University of California – San Diego

（4）认知与教育神经科学中心

Center for Cognitive and Educational Neuroscience (E-CEN)

http://ccen.dartmouth.edu

达特茅斯学院 Dartmouth College

（5）教育、科学与技术卓越学习科学中心

Center for Excellence for Learning in Education, Science, and Technology

http://cns.bu.edu/CELEST

波士顿大学 Boston University

（6）非正规与正规环境学习中心

Center for Learning in Informal and Formal Environments

http://life-slc.org

华盛顿大学 University of Washington in Seattle

（7）匹兹堡大学学习科学中心

Pittsburgh Science of Learning Center

http://www.learnlab.org/

匹兹堡大学 University of Pittsburgh

（8）诺丁汉大学学习科学研究所

Learning Sciences Research Institute

http://www.lsri.nottingham.ac.uk

诺丁汉大学 University of Nottingham

（9）台湾"清华大学"学习科学研究所

Institute of Learning Sciences

http://ils.nthu.edu.tw/bin/home.php

台湾"清华大学" National Tsing Hua University, Taiwan

（10）学习科学实验室

Learning Sciences Lab

http://www.nie.edu.sg/research-centres/learning-sciences-lab

新加坡南洋理工大学 Nanyang Technological University , Singapore

（11）伊利诺伊大学学习科学研究所

Learning Sciences Research Institute

http://www.lsri.uic.edu/projects/current.asp

伊利诺伊大学 University of Illionis at Chicago

（12）亚利桑那州立大学学习科学研究所

Learning Sciences Institute

http://lsi.asu.edu/home

亚利桑那州立大学 Arizona State University

（13）学习科学与政策学系

Department of Learning Sciences and Policy

http://www.education.pitt.edu/AcademicDepartments/LearningSciencesPolicy.aspx

匹兹堡大学教育学院 School of Education, University of Pittsburgh

（14）学习科学与技术学程

Learning Science and Technologies Program

http://www.gse.upenn.edu/degrees_programs/lte

宾夕法尼亚大学 University of Pennsylvania

（15）美国西北大学学习科学研究中心

Institute of Learning Sciences

http://www.sesp.northwestern.edu/learning-sciences/index.html

美国西北大学 Northwestern University

（16）学习科学与技术设计学程

Learning Sciences and Technology Design (LSTD) program

http://lstd.stanford.edu/

斯坦福大学 Stanford University

（17）威斯康星大学学习科学项目

Learning Sciences program

http://edpsych.education.wisc.edu/academics/learning-sciences

威斯康星大学 University of Wisconsin-Madison School of Education